COLLECTION FR.....

MONNAIES ET MÉDAILLES

CONTENANT DES RICHES SÉRIES
DE MONNAIES RHÉNANES, DU
PALATINAT ET DES SEIGNEURIES
DES PAYS-BAS + + + + + + + + +

OCTOBRE 1911.

VENTE à AMSTERDAM
MARDI LE 3 OCTOBRE ET
MERCREDI LE 4 OCTOBRE 1911
AU BUREAU ET SOUS LA
DIRECTION DE L'EXPERT

J. SCHULMAN,

Keizersgracht 448 Amsterdam.

CATALOGUE

D'UNE RICHE SÉRIE DE MONNAIES ET MÉDAILLES
DU MOYEN-ÂGE ET DES TEMPS MODERNES
PROVENANT DE LA

COLLECTION FR.....

Monnaies et médailles rhénanes et palatines.

IX-LA-CHAPELLE, JULIERS, CLÈVES ET BERG, COLOGNE, DORTMUND,
MAYENCE, MOERS, NEUSS, RAVENSBERG, STRASBOURG,
TRÈVES, VERDEN, WESTPHALIE, ETC. ETC.

Monnaies seigneuriales et communales des Pays-Bas.

IRE, ANHOLT, ARENBERG, ARNHEM, BAER, BATENBOURG—STEIN,
'S HEERENBERG, BOIS-LE-DUC, BORKULO, BORNE, FAUQUEMONT,
FIVELGO, FRISE, GERDINGEN, GRONSVELD, GUELDRE, HER-
KENRODE, HORNES, HUISSEN, KESSENICH, KOEVORDEN,
LIÈGE, COMTÉ DE LIMBOURG, LOOZ, LUXEMBOURG,
MAESTRICHT, MEGEN, NIMÈGUE, OBBICHT,
RECKHEIM, RAVESTEIN, ROERMOND,
STAVELOT, SCHOONVORST, STEVENS-
WEERT, THORN, UTRECHT, VENLO,
VENRAY, VIANEN, ZUTPHEN,
ETC. ETC.

Petite Série de monnaies de Lorraine, de Brunswick, de Würzbourg, et d'autres pays de l'Europe.

Dont la vente aux enchères publiques, aura lieu à **Amsterdam.**

Mardi et Mercredi, les 3 et 4 Octobre 1911,

au Bureau et sous la Direction de

l'Expert **J. SCHULMAN,**

Keizersgracht 448. — Tél. int. 4864. — Amsterdam.

EXPOSITION: Samedi le 30 Septembre 1911 de 10 à 4 heures.

Conditions de la Vente.

La vente se fera au comptant en Florins et Cents des Pays-Bas.
1 Florin = 100 Cents = 2 Francs 10 = 1 Mark 70 Pf. = 1 Sh.
8 D. = 44 Dollarcents.

Les acquéreurs paieront 10 pCt. en sus des enchères, applicables
aux frais.

L'expert se **charge gratuitement des ordres** qu'on voudra bien
lui confier.

La conservation des pièces est indiquée par :

Superbe = Splendid = Prachtvoll.

F.d.c. = fleur de coin = every fine = Stempelglanz.

Très beau = very fine = sehr schön.

Beau = fine = schön.

t.b.c. = très bien conservé = very good = sehr gut erhalten.

b.c. = bien ou médiocrement conservé = good = ziemlich
gut erhalten.

a.b.c. = assez bien ou mal conservé = fair = gering erhalten.

t.b.c.—b.c. indique une conservation entre très bien conservé et
bien conservé.

Dans le cas où une contestation s'élèverait sur deux enchères,
l'objet sera immédiatement remis en vente.

L'expert se réserve le droit de réunir ou de diviser les lots.

**L'authenticité des pièces est garantie, sauf indication
contraire.**

La Liste authentique des prix paraîtra après la vente et sera
envoyée sur demande, au prix de Fl. 1.50.

Ordre des Vacations.

LA VENTE COMMENCERA

MARDI,   le 3 Octobre 1911 à 10 heures du matin jusqu'à midi.

à 1¹/₂ heures jusqu'à à 5¹/₂ heures.

MERCREDI,   le 4 Octobre 1911 à 10 heures du matin jusqu'à midi.

à 1¹/₂ heures jusqu'à 5¹/₂ heures.

L'ordre du catalogue sera suivie.

Exposition.

SAMEDI,   le 30 Septembre 1911 de 10 à 4 heures.

COLLECTION FR.....

MONNAIES ET MÉDAILLES
PAR ORDRE ALPHABÉTIQUE
CONTENANT DES RICHES SÉRIES DE MONNAIES RHÉNANES, DU PALATINAT ET DES SEIGNEURIES DES PAYS-BAS.

Aire.

1 (XII--XIIIe siècle. *Maille*. Aigle éployée. Rev. ✠ A ✠ A ✠ A ✠ A. Croix dans un grènetis cantonnée de 4 annelets. Arg. t.b.c. Extr. rare.

2 (*Assiégée par les Alliés en 1710*. *Obsidionale de 50 Sols* Ecusson couronné du gouverneur *M. de Groesbriant* entre 17—10. Var. de Mailliet pl. I no. 5. Compz. v. Loon IV. p. 596 — V. p. 170 n. 1. Arg. octogone. Très belle et rare.
Voir la reproduction.

3 — *Obsidionale de 50 Sols* au même type, fr. sur flan carré. Compz. Mailliet pl. I n. 5, autre gravure. Var. de v. Loon IV. 596, V. 170 n. 1. Arg. Très belle. Rare.

4 *Obsidionale de 25 Sols* fr. sur flan octogone. Mailliet pl. 1.6 Comparez l'obsidionale carrée v. Loon IV. 596, V. 176 n. 2. Arg. t.b.c. Rare.

Aix-la-Chapelle.

5 **Charlemagne.** 768—814. *Denier* CIXI (Civi) AQVIS. Monogramme de Karolus. Rev. CARLVS REX FR. Croix. Arg. Beau et extrêmement rare.
Voir la reproduction.

6 **Frédéric I.** 1152—90. *Denier* FREDERI — L'empereur tenant épée et globe; dans le champ, étoile. Rev. ROMA CAP . VTM. Eglise avec tour au centre. Arg. b.c.

7 *Denier* pareil, variété. Arg. b.c.

8 **Frédéric II.** 1212—1250. *Denier*. L'empereur assis, tenant une palme et un globe. Rev. Buste tenant bourg à trois tours. Cappe. pl. IX. 146. Arg. t.b.c.

10 *Denier* —FRIDƎ — RICVS. L'empereur assis, tenant sceptre et globe.
Rev. ...RATORM. Château à trois tours. Arg. t.b.c.

11 **Guillaume de Hollande.** 1247—50. *Denier* ✠ ҠARO ... RƎX.
L'empereur assis, tenant *palme* et globe. Rev. ✠ WI ... ƎLM ○
RƎX. Buste portant château à 3 tours. Arg. t.b.c. Rare.
     Voir la reproduction.

12 *Denier* pareil. Rev. ... ƎLM ○ RƎX. Arg. b.c. Rare.

13 *Denier* pareil. Rev. WILLƎ. Arg. Usé.

14 **Richard d'Angleterre.** 1257—59. *Denier.* Comp. Cappe. 733. Arg. b.c.

15 **Rodolphe I** (de Habsbourg) 1273—91. *Denier* RVDOL ... ROM . R.
L'empereur assis, tenant épée et globe. Rev. VRBS . AQVƎ.
Couronne au dessous d'un château à 3 tours. Arg. t.b.c.

16 *Denier* pareil. Rev. BS . AQVƎNSI. Arg. b.c.

17 **Adolphe de Nassau** 1291—98. *Denier.* L'empereur assis. Rev. Eglise.
Arg. b c. troué.
     Y joint un denier ébréché.

18 **Albrecht I** 1298—1308. *Denier* ☙ ҠLBERT' ○ — ○ ROM ○ RƎX.
L'empereur assis, tenant sceptre et globe. Rev. VRBS ○ AQVƎNSIS .
VINCƎ . S . M. Eglise. Cappe pl. XII. 186. Arg. Beau.

19 *Denier* pareil ✶ ҠLBTVS ✶ — ✶ ROM ✶ RƎX. Rev. VRBS .
AQVƎNSIS . VINCƎS . M. Arg. t.b.c.—b.c.
     Y ajouté un denier pareil, faux du temps. a.b.c.

20 **Henri VII** (de Luxembourg) 1309—12. *Denier* ✶ ҺENRIC' ✶ —
✶ ROM ✶ RƎX. L'empereur assis, tenant sceptre et globe. Rev.
VRBS ○ AQVƎNSIS ○ VINCƎ ○ S ○ M ○. Eglise. Cappe. pl.
XII. 187. Arg. t.b.c.

21 *Denier* pareil, *variété intéressante avec* ROM . IMP (MP liés) R Arg. Beau.
     Voir la reproduction.

22 *Denier* pareil IMP (MP liés) R. Arg. Beau.

23 **Louis IV** (de Bavière) 1314—47. *Esterlin* (aigle) LVDOVICVS .
ROM . RƎX. Tête couronnée de face. Rev. MON — · ƎTA —
AQVƎ — NSIS. Croix longue, cantonnée d'une aigle et de 3 fois
trois globules. Arg. Superbe.

24 — après 1337. *Esterlin* ··LVDOVICVS . ROM . IMPR (MP liés).
Tête couronnée de face. Rev. ꙗ ON — ƎTA — AQVƎ — NSIS.
Croix longue, cantonnée d'une aigle et de 3 fois 3 globules. Arg.
Droit t.b.c. Rev. Beau.

25 *Esterlin* pareil. Arg. b.c.

Aix-la-Chapelle (Ville).

26 s.d. *Gros* SCS ⁝ ҠAROLVS — MҠGN ⁝ IMPOR L'empereur
Charlemagne agenouillé tenant église. Rev. Lég. ext. VRBS : AQ —
VƎNSIS — REGALI — S ⁝ SƎDƎS. Lég. int. MON —
ƎTA — AQV — ƎNS. Croix coupant les légendes; dans le
3me canton une aigle. Farina n. 1958. Arg. t.b.c. Rare.
     Voir la reproduction.

27 1402. *Gros* SƆS ⠂ KΛROL' ⠂ MΛ — GꞁVS : IPꞒRΛT'. l'empereur Charlemagne de face, à mi-corps, au dessus de l'écu de la ville, il tient un *sceptre* et un globe. Rev. Lég. ext. ✠ ΛꞁꞁO ⠆ DOMIꞁI ⠂ MILLꞒSIMO ⠆ CCCC ⠆ SꞒCVꞁDO. Lég. int. MOꞁ — ꞒTΛ — VRB' — ΛꞩꞒꞁ. Croix. Arg. Beau.

28 1411. *Gros* au buste de l'empereur au dessus de l'écu de la ville, il tient une *église* et un globe. Arg. b.c. 2 var.

29 1412 *Gros* pareil. Arg. b.c.—t.b.c.

30 1418 et 1419. *Gros* pareils. Arg. 3 ps. b.c.

31 1421. *Gros* pareil. Arg. t.b.c.—b.c.

32 1420 et 21. *Gros* pareils. Arg. b.c.—a.b.c. 2 ps. Y ajouté. 2 ps. de 1420 et deux demi-gros. Arg. 4 ps. a.b.c. et frustes. Ens. 6 ps.

33 1492. *Double Gros* (Br. Groschen) ✠ VRBS : ΛꞩVꞓꞁ : RꞒGꞁI : SꞒꞩꞒS : CΛPVT : OIM. Buste de la Madone et de l'empereur Charlemagne avec l'église, à l'exergue ○1✗○92○ Rev. ✠ CIVITΛTV'. ꞓT . PROVIꞁCIΛRVM . GΛLLIꞓ. Ecu à l'aigle sur une croix fleuronnée. Arg. t.b.c. Rare.
     Voir la reproduction.

34 1496. ¼ *Gros*. La Madone à mi-corps au dessus de l'écu de la ville. Rev. Croix fleuronnée, dans les cantons la date. Arg. b.c.

35 s.d. *Heller*. Ecu à l'aigle. Rev. Croix cantonnée de Λ — Ꞩ — V — S'. Billon. Beau.

36 s.d. *Heller* pareil, variété. Billon. t.b.c.

37 s.d. *Pfennig*. Aigle. Rev. Fleur de lis. Billon. t.b.c. Rare.

38 1571. *Thaler*. ✠ MO' ✳ REGLE ✳ SEDIS ✳ — VRBIS ✳ AQVISGRANI. L'empereur Charlemagne assis; à ses pieds, l'écu à l'aigle; dans le champ, la date 15—71. Rev. MAXIMI' ✳ II' ✳ ROMA' ✳ CÆSAR ✳ SEMP' ✳ AVG'. Double aigle impériale. Arg. t.b.c.

39 1577. *Gros* au titre de Rodolphe II et au buste de Charlemagne et 1646 *Double Gros* au titre de Ferd. III. Arg. b.c. et a.b.c. 2 ps.

40 (15)85. 6 *Heller*. Ecu à l'aigle. Rev. Valeur. Arg. b.c. et 1587. 6 *Heller* rev. double aigle. Ar. b.c. Rev. usé.

41 1597. *Obsidionale de VI Sols*, contremarquée à l'aigle et à la valeur VI (Buschen). Mailliet suppl. pl. 15. Arg. mm. 29. t.b.c. Rare.

42 1597. 6 *Buschen*. Monnaie de nécessité. Mailliet suppl. pl. 1. n. 3. Ae. b.c.

43 1619. *Pièce de 6 Mark*. L'empereur assis; devant lui, l'écu de la ville. Rev. Valeur dans un cartouche. Arg. b.c.

44 — Deux pièces pareilles, déterrées à Aix la Chapelle en 1894. Arg. usées.

45 1631. *Pièce de 3 Mark*. Arg. t.b.c.

46 (16)41. *Pièce de 3 Mark* au titre de Ferdinand III. Arg. b.c.

47   1670. *Monnaies de nécessité* de 3 et 1 *Buschen*. Var de Maill. suppl. pl. 1. n. 6 et 7. Arg. et Bill. 2 ps. b.c.

48   s.d. (vers 1750). 32 *Mark*. Couronne et insignes sur un autel. Rev. Aigle et double légende. Inscription sur la tranche. Arg. t.b.c.

49   s.d. 32 *Mark* pareil. 2 ps. variées. Arg. t.b.c.

50   sd. 16 *Mark*. (Monnaie de présence) * NEC. ERAT. etc. Une femme debout, versant de l'eau dans un verre. Rev. Aigle et double légende. Arg. t b.c.

51   sd. 8 *Mark*, type pareil. Arg. t.b.c.—b.c.

52   1708. 8 *Mark*, type pareil. Arg. t.b.c.

       Les nos 50—52 proviennent de la collection Lsenbeck (1899).

53   1752. 16 *Mark* avec la date sous une couronne. Rev. Aigle et double légende. Arg. F.d.c.

54   1752 et 53. 8 *Mark* pareil. Arg. b.c. 2 ps.

55   1708. 8 *Mark* du Sénat. 1762. 16 *Mark*. 1753. 8 et 2 *Mark*. 1754. 3 *Mark*. Arg. b.c. 6 ps.

56   1754. 3 *Mark* Arg. Beau.

57   — Mêmes pièces. Arg. et Billon t b.c. et b.c, 7 ps.

58   2 *Mark* de 1707 (3), 27. 53 (3, 1 *Mark* de 1728. 53 (4 ps). Billon 12 ps. dont 4 t.b.c.

59   1767. *XII Heller*. Ae. F.d.c.

60   1758. *XII Heller*, 2 variétés avec STADT—ACHEN et STATT—ACHEN. Ae. 2 ps. t.b c.

61   *XII Heller* de 1759 (2) 60, 65 (2 var.) 91 (4 var.) 92, 93, 94 (2) 97 (3 ps. var.) Ae. 16 ps. la plupart t.b.c.

62   1799. *XII Heller* pièce curieuse, incuse des deux côtés. Ae. t.b.c.

63   *XII Heller* 1760, 91, 92, 94, 97 et 4 *Heller* de 1752. Ae. 6 ps. t.b.c. et b.c.

64   15(55 et 59. Pièces de 4 *Heller*. Ae. 2 ps. b.c.

65   4 *Heller* de 1616, 1624, 38, 43, 76, 78 Ae. 7 ps. t.b.c. et b.c.

66   1753. 4 *Heller* REICHS.—STAT.ACH — ⚭ IIII ⚭ — Essai sur flan large. Ae. Beau.

67   1757 et 58. 4 *Heller*. Ae. 2 ps. Belles.

68   4 *Heller* de 1738. 44, 45, 51, 54, 55, 65, 92, 93. Ae. 11 ps. t.b.c. et b.c.

Médailles.

69   1531. **Couronnement de l'empereur Ferdinand I.** Bustes couronnés à dr. de **Charles V** et **Ferdinand I.** Rev. En 8 lignes . CAROL . — . V . E . FER . I . — FR ES . RO . IMP . — . E . RE . RE . HISP . VT . RI'Q. SICI . VNG . BOE . ZC . ARCHID — AVST . D . BVRG . —M.D.XXXI. Wellenh. 6859. Arg. 30 mm. gr. 8.3. t.b.c. Rare.

       Voir la reproduction.

70   1865. „*Zum Andenken an die 50 Jaehrige Vereinigung der Rheinprovinz mit der Krone Preussen*". Vue de l'hôtel de ville. Rev. Les bustes superposés des 3 rois de Prusse. Par *Jac. & Leop. Wiener*. Br. mm. 60 Belle.

71 1879. *Exposition.* „*Zur Erinnerung an die Gewerbe-Ausstellung*". Br. doré portative. mm. 28. — Y ajouté 3 marques diverses et 6 monnaies usées.

72 s.d. Le nouvel Hôtel de ville. Br. et étain. mm. 35. Belles. 2 ps.

73 s.d. *Société ornithologique.* Droit. Une basse-cour. Rev. „*Für verdienst-volle Leistungen. — Der Ornithologische Verein in Aachen*". Br. mm. 41. Belle.

74 s.d. Méd. du carneval, faisant allusion au nom du président ou prince M. Schwan. Epreuve en plomb par Hupp. mm. 30.

75 **Chemin de fer** 1843. Inauguration du chemin de fer de Verviers à Aix-la-Chapelle. Belle méd. au buste à dr. du roi **Léopold I** par *Hart.* Moyaux n. 65. Bronze doré. mm. 73. Belle.

76 *Même sujet.* Moyaux 66 et 67. Br. mm. 27. Belle et t.b.c. 2 ps.

77 *Même sujet.* Chemin de fer international Belge-Rhénan. Moyaux 68 et 69. mm. 27. Br. 2 ps. Belles.

78 **Tramway.** Quatre marques différentes. Cuivre, laiton et métal blanc. Belles.

79 1594. **Eglise wallone.** *Méreau de la St. Cène.* frappe postérieure. plomb.

80 s.d. Méreau des funérailles du gilde St. Eloy. S. — ALOYS — tête de mort. Cuivre gravé uniface. mm. 25. t.b.c.

81 1740. Méreau pour du pain (Brotpfennig). Ae. t.b.c. Rare.

82 4 médailles de pélérinage, 3 ps. ovales en laiton, et une ronde en plomb.

83 s.d. Médaille aux reliques. Droit La Madone. Rev. Les reliques. Par C. K. Etain. mm. 37 Belle.

84 **Marques de Chien** 1876, 1878—1888 9 et 1890 1. 1 ps. en plomb, 16 ps. laiton.

Amsterdam.

85 *Assiégée par les troupes des Etats en* 1578 *Obsidionale de* 40 *sols* frappée de l'argent de la statue du St. Nicolas de l'Ancienne Eglise. Armoiries de la ville; en haut, contremarque *briquet.* Rev. Dans une couronne de feuilles * P * — AR * ET — * FO * v. Loon I. éd. holl. page 253. éd. fr. p. 249 n. 1. Mailliet pl. III n. 2. Arg. Belle. Rare.

86 *Obsidionale de* 20 *Sols,* même type, contremarquée de PG entrelacés. v. L. éd. holl. p. 253. éd. fr. p. 249 n. 2. Mailliet pl. IV. 9. Arg. Belle.

87 *Obsidionale de* 10 *Sols,* uniface, armoiries couronnées de la ville entre 15—78 et X—S. En haut contremarqué d'un vase. Mailliet pl. VI no. 11. Arg. Belle.

88 *Obsidionale de* 5 *Sols* au même type, en haut contremarqué d'un *briquet.* Mailliet pl. IV. 14. v. Loon I. 249—253 n. 4. Arg. Belle. Jolie pièce.

89 1586. **Eglise wallone.** *Méreau pour la Sainte-Cène.* Plomb. Beau.

90 *Commune luthérienne.* Méreau pour la Sainte Cène. REGNVM CHRISTI Plomb. 2 ps. t.b.c.

91 Deux plombs pour la Sainte Cène de la commune luthérienne, l'un avec L l'autre avec $_{L\cdot G}^{H}$ (Hersteld Luth. Gemeente).

92 1607. Plomb pour l'essai du drap. Armoiries de la ville. Rev. La couronne impériale. mm. 57. t.b.c.

93 1707. Méreau pour du pain de la diaconie réformée. Plomb. Forme triangulaire. Rare.

94 *Turfdragersgild.* Loodje om volk van het **O . Z** (Oude Zijds Huiszittenhuis) nu het Arsenaal te mogen halen. Vgl. Dirks. bl. 123. 9.

Andernach.

95 **Théodoric** 984—1026. *Denier* ✞ THEODERICVS. — Deux bustes en regard, entre lesquels un sceptre. Rev. (A)N D E(R) — NA — KA en croix, dans les cantons des ornements. Dannenb. 437. Arg. t.b.c.

Anholt. (Seigneurie).

96 **Jean de Zuylen** † 1354. *Denier* (Köpfchen). Tête à g. dans un grènetis ✞IOƆH SVLLOƆVGSƎ Rev. ƎVH — SOƎ — ƝVS — ƆOI. Croix coupant la légende. Comparez Roest „Die Münzen der Herrschaft Anholt. (Tijdschr' v. munt en penningk. 1895) pl. IV n. 1 décrit dans le texte page 178. Arg. t.b.c.—b.c. **Unique.**
   Voir la reproduction.

97 **Gysbert de Batenbourg.** 1408—32. *Quart de Gros.* GISƐBERT' ƉEƆ . BATƐƝBO' les armoiries heaumées de Batenbourg et de Bronckhorst. Rev. MOƝƎT - A . ƝOV - A (ƉEƆ) . A - ƎƝOLT. Croix coupant la légende, cantonnée de 4 lions; en surtout, petit écu à l'aigle. Variété de v. d. Chijs pl. VIII. 4. Roest pl. IV n. 7. Billon. Extrêmement rare (3me exemplaire connu).

98 *Denier* GISƐBERT — ƉEƆ . BATƐƝ Buste à mi-corps du seigneur de face, couronné et portant glaive; devant lui, petit écusson au lion de Bronckhorst. Rev. ✞MOƝEƆTA . ƝOVA . ƉEƆ AƐƝOL. Rose remplissant le champ; v. d. Chijs pl. VIII. 2. Roest pl. V. n. 13. Arg. Beau et extrêmement rare.
   Voir la reproduction.

99 *Quart de gros.* Lion rampant à g. Rev. Croix. Inconnu à v. d. Chijs. Roest pl. IV 10. Billon a.b.c.

100 **Thierry III de Bronckhorst-Batenbourg** 1585—1637. *Dute.* L'écu couronné au lion de Bronckhorst. Rev. (C)I—(V)IT(A)S — ANH. Verkade pl. 210. 4. Roest pl. VI. 26. Ae. b.c.

101 *Dute* pareille. Variété inconnue. Rev. . C · I . — VITA — . AN . H. Ae. t.b.c. Rare.

102 **Léopold Philippe Charles de Salm** 1637—63 *Sou* (Stüber) LE . P . C . CO . S . R . H . S . LB. Armoiries écartelées, couronnées, entre I—S. Rev. MON — ARG — AHN — CVS. Croix; au centre, une rose. Variété de Roest pl. VI. 29. Arg. b.c.
   Imitation du Stüber d'Emmerich.

103 Cliché en plomb du sceau de l'église parochiale de St. Pancras à Anholt. mm. 30. t.b.c.

104 **Anvers.** XVIIme siècle. Plomb pour l'essai des draps fabriqués à Anvers. Armoiries de la ville, frappe irrégulière. Rev. Main (D)OB — BEL — (S)T(A)EL. B(LA)EV. mm. 60/55. Voir Verachter 1038.

Arenberg (Comté).

105 **Marguérite** 1568—1596. *Thaler* de 1576. MARGARETA. D:G. PRIN. COM. AB. ARBVRGH (G H liés). Armoiries heaumées. Rev. ✠ PROTECTOR + MEVS + ES + TV + 1576. L'enfant Jésus, avec le globe crucigère, entouré de flammes. Comparez Madai 1643 Arg. t.b.c. Rare.

106 **Charles Eugène** 1676. *VIII Heller* = ½ *Albus* ✱ CARL : EVG. D. G. DVX A... B. Ecu couronné à 3 fleurs. Rev. DVX. ARSCHOT. PR. P... 676. Dans le champ VIII. Arg. t.b.c. Inédit. Extr. rare.
N. L.
Voir la reproduction.

Arnhem, (Sous les Comtes et Ducs de Gueldre).

107 **Gérard II.** Comte de Gueldre ou *Gérard fils de Hendrik*, mort en 1181. *Denier d'Arnhem.* ЭRA — VS. Buste du comte tenant une fleur de néflier. Rev. ✠ AR — M. — S. Ecu à 3 fleurs de néfliers (anciennes armoiries de la Gueldre)- v. d. Chijs, pl. I. n. 2. Arg. b.c.— a.b.c. Fort rare.

108 **Otton II.** *Comte.* 1229—1271. *Denier d'Arnhem.* Buste du comte tenant épée et palme. Rev. AR — NЭM. — Ecu au lion de Gueldre. v. d. Chijs, pl. 1.8. Arg. t.b.c.

109 **Edouard** *duc de Gueldre* (1361—71). *Boldraeger.* (Double Gros) au lion heaumé, frappé à Arnhem. ✠ MOHETA ⹂ ARИIMEИSIS. v. d- Chijs, pl. V. 2. Arg. t.b.c. fêlé.

110 **Rénaud IV** *duc de Gueldre* 1402—23. *Double Gros d'Arnhem* aux écussons inclinés, et heaumés de Gueldre-Juliers. v. d. Chijs, pl. IX n. 8. Arg. t.b.c.

111 *Doubles Gros* pareils, v. d. Chijs, pl. IX. 8. Arg. 2 ps. b.c.

112 *Demi Gros* au même type. v. d. Chijs, pl. IX. 13. Arg. b.c.

113 *Double Gros* aux deux écussons juxtaposés de Gueldre-Juliers, sous un seul heaume. Rev. ✠ MOИETA . ИOVA : DE : AERИE- MEИS: v. d. Ch. pl. IX. 13. Arg. t.b.c.

114 **Arnaud de Gueldre,** (1423—72). *Florin* d'or frappé à **Arnhem.** ✱ MOИ' — ✱ ИOV' — ✱ AER ✱ — ✱ ИEM ✱ Armoiries de la Gueldre, entourées de 4 petits écussons; le tout dans un cartouche à quatre lobes. v. d. Chijs, pl. X. 4. **Or.** t.b.c. Rare.
Voir la reproduction.
V. d. Chijs n'a connu qu'un seul exemplaire.

115 (Vers 1480). *Negenmanneke* de **Charles d'Egmond** (Mineur); au revers croix coupant la légende avec AERИ dans les cantons; v. d. Chijs, pl. XIV. 4. Billon a.b.c.

Arnhem, (Ville).

115a Vers 1480. Petite monnaie de billon ✠ MOИ + ИOVA + AER- ИEMEИ. Ecusson de Gueldre. Rev. Croix coupant la légende ; dans les cantons, A — E — R — И. Variété de v. d. Chijs, pl. VII. 4. t.b.c.

116 — Même pièce. Billon. a.b.c.

117 *Muterken* au lion debout. Variété de v. d. Chijs, pl. VII. 5. Billon. b.c.

118 Petite monnaie de billon. -ONELTA·NO. Deux lions rampant.
Rev. ✢ — NOM. Croix ayant en cœur petit écusson. Comparez
pour le type le Muterken du duc Arnaud; v. d. Chijs, pl. XI. 21.
Inédit. b c.

119 s.d. *Demi Sou* au titre de **Philippe II** d'Espagne, duc de Gueldre.
Billon. Verkade, pl. 37.6. b.c.

120 *Dute.* MONET . ARNHEM . IN . GELRIA. Verkade. pl. 38.2. Ae. b.c.
2 ps.

121 *Dutes* pareilles. Verkade, pl. 38. 1 et 2. Ae. t.b.c. 2 ps.

122 *Méreau des cabaretiers* (Tappersgilde). Broc à bière. Rev. H T G (Het
Tappers Gilde). Dirks. pl. XCIX. 15. Plomb. mm. 32. t.b.c.

123 *Méreau des Cordonniers* (Schoenmakers of St. Crispijngilde). Couteau.
Rev. ST CRISPEN. Dirks. pl. XCIX. 14. Plomb. m.m. 26.

124 *Méreau des merciers, pour du pain* (Kramers of St. Nicolaas Gild). Le Saint
debout, dans le champ $\frac{C}{L} - \frac{A}{S}$ Rev. Balance et croix. Dirks pl. XCIX. 11.
Plomb.

Attendorn (Westphalie).

125 **Engelbert II de Lützelburg,** archevêque de Cologne. 1261 – 1274.
Denier d'Attendorn. L'archevêque assis tenant crosse et livre Ә . . .
ӘRTV. Rev. St. Pierre tenant deux fanons A DӘ . . . TAS.
Arg. b.c.—a.b.c. Fort rare.

Bacharach.

126 **Frédéric I de Palatinat.** 1449—76. *Albus rhéaum.* Buste de St. Pierre. Rev.
MONE — NOVA * — * BACH'. Armoiries de Palatinat-Bavière
entourées des 3 petits écussons de Mayence, Trèves et Cologne, le tout
dans une trilobe. Arg. t.b.c.

**Bacharach, Heylbron, Kreutznach, Worms, Oppenheim,
Frankenthal, Heidelberg, Philipsburg etc.**

127 1688. **Prise de 20 villes au Rhin.** Méd. au buste de Louis XIV
par *Mauger.* XX URBES AD RHENUM UNO MENSE A DELPHINO
SUB. v. Loon III. éd. holl. 386. éd. fr. 361. Br. mm. 41. Belle.

Baer (Seigneurie).

128 **Thierry de Bronckhorst.** 1562 — ? *Ecu au St. Ludger* SANCTVS.
LV ∴ DERVS . PATRONVS NO ∴. Rev. MONETA . NOVA .
ARGENT . I . B . BA ∴. Lion debout, tenant écu au lion de Bronckhorst. Variété inédite de v. d. Chijs pl. XIV. 46, de de Voogt no. 2 f.
de Verkade pl. 35.1. Arg. t.b.c.

129 *Ecu* pareil, SANCTVS : LVDERVS : PATRONVS : NOST. Rev. *Marque
monétaire* gland. MONETA : NOVA : ARGENTEA : D : I : B : BA. Var.
de de Voogt no. 2b. Arg. b.c.

130 *Ecu* pareil variété SANCTVS. LVDERVS . PATR . NOS : Rev. MONETA .
NOVA . ARGENT . I . B . BA. de Voogt 2i. Arg. b.c.

131 **Barmen.** 1865. 8 *Pfenninge.* Marque „*Herberge zur Heimath in Bo*...
Cuivre. Belle.

Batenbourg, (Seigneurie).

Guillaume de Bronckhorst 1556—78. Seigneur de Batenbourg
d'Anholt et de Steyn. Il prit une part active à la révolution du 16me
siècle et fut tué en 1573 par les Espagnols, près de **Haarlem**.

132 *Ducat au type hongrois* FERDI . ROMA . IMPE . SEM . AVGV Bu-
couronné, à dr. Rev. ❀ MONE ❀ NOVA. (petit écu de *Batenbourg*
. AVREA ❀ BAT ❀ La Vierge avec l'Enfant Jésus. Voir v. d. Chijs
pl. X. 9. qui le reproduit d'après un *Beeldenaar*: de Voogt no. 2. Varié
de Roest no. 13. **Or.** t.b.c. Fort rare.
Voir la reproduction.

133 s.d. *Ecu heaumé* au titre de l'empereur **Charles-Quint.** m.m. pomme
de grenade GVIL' ∗ DE ∗ BRONC' ∗ LIB ∗ — BARO ∗ IN ∗ BATENB
Armoiries heaumées de Bronckhorst-Batenbourg. Rev. CAROL ∗ V ∗
ROMANO ∗ IMPE ∗ SEMPER ∗ AVGVSTVS. Double aigle couronnée.
Var. de v. d. Chijs, pl. XI. 21 Arg. Beau.

134 s.d. *Ecu heaumé* pareil, variété avec LIB' — BARO ∗ Arg. Beau.

135 s.d. *Ecu heaumé* pareil, variété LIB' BARO ∗ IN ∗ BATENB ∗
Rev. CAROL' ∗ V ∗ ROMANO' ∗ IMPE' ∗ SEMPER ∗ AVGVSTVS
Arg. Beau.

136 (15)59. *Ecu* au buste cuirassé à g.; m.m. pomme de grenade GVIL ∗
D — BRONC ∗ LIB — BARO ∗ D ∗ BA — TENBO Dans la légende, les
écussons de **Bronckhorst, Stein** et **Batenbourg.** Rev. FERDI ∗
ELEC ∗ ROMANO ∗ IMPE ∗ SEM ∗ AVGVS ∗ 59. Double aigle impé-
riale. Var. de v. d. Chijs, pl. XI. n. 25. Madai 4443. de Voogt n. 23.
Arg. t.b.c.

137 s.d. *Ecu au St. Victor.* SANCTVS ∗ VIC — T O — R ∗ MAR — L ∗
Saint debout. Rev. DENA ∗ NOVVS ∗ D ∗ BATENB ☼ TRIGINTA ∗
STVFER ○ Double aigle portant en coeur, armoiries de *Bronckhorst-
Batenbourg,* v. d. Chijs, pl. XII. 29. de Voogt n. 32. Arg. b.c. Rare.

138 s.d. *Ecu au lion* m.m. crochet. DA ∗ PACEM ∗ DOMINE ∗ IN ∗ DIEBVS ∗
NOSTRIS Lion debout. Rev. MONETA ∗ NOVA ∗ ARGENTEA ∗
BATENBORGE' Double aigle impériale, ayant en coeur, écusson de
Bronckhorst-Batenbourg, v. d. Chijs, pl. XIII. 38. Arg. t.b.c.—b.c.

139 s.d. *Ecu au lion* pareil, variété avec BATENBORGEN', de Voogt.
n. 37. Arg. Beau.

140 s.d. *Ecu au lion* pareil, autre coin, les caractères plus petits. Arg. t.b.c.

141 (15)64 *Ecu au lion.* DOMINE . CONSERVA . NOS . IN . PACE. Rev.
DENA ∗ NO ∗ D ∗ BA ∗ TRIGINT ∗ ST ∗ 64 Double aigle portant en
coeur, écusson de Bronckhorst-Batenbourg. Comparez v. d. Chijs.
pl. XIII. 37. Roest. pl. II. n. 8. Arg. Droit b.c.—a.b.c. Revers. t.b.c.
Fort rare.
      Le Prof. v. d. Chijs n'a connu aucun exemplaire, il l'a reproduit d'après le
      Münzbuch.

142 1564. *Ecu au lion* avec la légende DOMINE ∗ CONSERVA ∗ NOS ∗
IN ∗ PACE ∗ Aº ∗ 1564 m.m. *pomme de grenade.* Rev. DENA ∗ NOVVS ∗
D ∗ BATENB ' ∗ TRIGINTA ∗ STVFER ' v. d. Chijs, pl. XIII.
Arg. t.b.c.

143 s.d. *Pièce de 12 Kreutzer* (Zwölfer). Imitation d'une monnaie italienne.
MONE — TA * NOV — A * BATE — NBORG. Grand **P** gothique sur
une croix. Rev. FERDIN * D — G * IMPER'. Double aigle portant en
coeur, globe avec les lettres B G. Comparez v. d. Chijs, pl. **XIV**. 48.
Roest n. 43. Arg. t.b.c Fort rare.
> *Voir la reproduction.*
>> Le Prof. v. d. Chijs n'a connu aucun exemplaire, il l'a reproduit d'après *Berg's-Münzbuch.*

144 s.d. *Pièce de 12 Kreutzer* (Zwölfer) Imitation de celles de *Brunswick.*
MONETA * NOVA * ARGEN * BATENB... Ecusson au lion à *gauche.*
Rev. FERDIN * D — G — (IM)PERA Double aigle, en coeur globe
avec B G. Comparez v. d. Chijs. pl. **XIV**. 49. Ve de Jonghe. Tijdschrift
1895. pl. VII. n. 4. Arg. t.b.c. Fort rare.
> *Voir la reproduction.*
>> La reproduction dans v. d. Chijs d'après *Berg's-Münzbuch* où le lion est tourné à droite, est fautive.

145 s.d. *Pièce de 3 Kreutzer* au buste de St. Victor portant un bonnet
+ SA..ICTOR.MARTIR: D: BAT Rev. MONETA.NOVA.ARGENT
EA.BAT. Double aigle couronnée, en coeur, globe avec 3. de Voogt.
pl. 2. 3. Roest n. 45. Billon. b.c. Rare

146 s.d. *Pièce de 3 Kreutzer* pareille. Variété ┼ SANCTVS: VICTOR:
MARTIR (IR liés) : D : BAT. b.c Rare.

147 s.d. *Pièce de 3 Kreutzer* au titre de l'empereur *Ferdinand.* Rev.
MON(ET)A. NO(V). ARGE(NT). D. BAT. Trois écus de *Batenbourg,*
Bronckhort et *Stein.* v. d Ch. pl. **XV**. 55. Billon. b.c. Extr. rare.

148 s.d. *Sol* ou *Dütchen.* Double aigle éployée, accostée des lettres W — B.
Rev. L'écusson de Bronckhorst avec heaume et lambrequins. — Inconnu
à v.d Chijs et de Voogt. Roest no. 46 (pl. II no. 9). Billon t.b c. Fort rare.
> *Voir la reproduction.*
>> L'exemplaire en possession de feu M. Roest, reproduit sur la planche II no. 9 de son ouvrage est de conservation inférieure à celui que nous offrons maintenant aux amateurs.

149 s.d. *Sol* (Dütchen). Double aigle éployée, accostée de (W)—B. Rev.
Lion debout. Billon b.c. *Inédit.*

Batenbourg-Stein.

150 **Herman Thierry** 1573—1612. **(Fils de Guillaume de Batenbourg
et de Erica de Manderscheid**. mort à Thorn en 1612.) (avant 1577).
Ducat (Imitation hongroise) : MON. TRANSM — O —.DNI. D. B. Z. S
Moneta Transmosani Dominii de Batenborg & Stein). Le roi St. Ladi-laus
debout, couronné, tenant hallebarde et globe. Rev. MATER. REDEM
(petit écu de Bronckhorst-Manderscheid PTORIS. NRI ··· La Madone
avec l'Enfant sur un croissant. Variété de v. d. Chijs pl. **XV**. 4.
Verkade pl. 33.2. de Voogt no. 2. **Or.** Beau. Rare.
> *Voir la reproduction.*

151 (15)78. *Ducat au type de ceux du Palatinat.* ❀ MO. NO. AVREA. DNI.
HERM. THE. Ecusson écartelé aux armoiries de *Bronckhorst-Stein;* en
surtout, *Batenbourg* ; dans le champ 7—8. Rev. D. BRON. LI — BA —
R. I. B. Z. STE. Chevalier armé debout. Variété de Verk. pl. 33.4.
de Voogt no. 30. **Or.** t.b.c. - b.c. Rare.
>> Ce ducat est une imitation de celui de Richard de Palatinat (1569—95) frappé à Simmern.

152 s.d. Ecu au buste cuirassé du baron à gauche, tête nue, portant bâton de commandant ✠ HERM ♣ THEOD ♣ D ♣ BRO ♣ L ♣ BARI ♣ B ♣ Z ♣ STE Rev. Armoiries heaumées à 8 quartiers, *Bronckhorst*, *Batenbourg*, *Manderscheid*, *Blankenheim*, *Roucy*, *Daun*, en surtout l'écu de *Stein*. MONETA ♣ NOVA ♣ ARGENTEA ♣ BA — ✠ — Manque à Rijnbende et Stephanik. Variété de v. d. Chijs pl. XV. 6. Comp. de Voogt no. 9. Arg. t.b.c. Fort rare.
Voir la reproduction.

153 1577. *Ecu* au buste, tête nue, à g, cuirassé et portant bâton de commandant: dans le champ, la date 15—77. ⁑ HERM * THEOD * D * BRO * L * BAR * I * B * Z * STEIN * NB (liés). Rev. POSVI . DEVM . ADIVTOREM . QV TIMEBO. Armoiries heaumées à huit quartiers de *Bronckhorst*, *Batenbourg*, *Manderscheid*, *Blankenheim*, *Roucy*, *Daun*; en surtout, *Stein*. Var. de Voogt no. 14. de Roest no. 58. Manque à Verk. Arg. Beau.
Voir la reproduction.

154 1577. *Ecu au lion* (Leeuwendaalder). *Type de ceux de Hollande*. * MO . NO . ARG . HERM . T — H . D . BR . L . BA . I . B . Z . STEI. Chevalier debout à dr.; devant lui, écu au lion. Rev. * POSVI * DEVM * ADIVTOREM * QV * TIMEBO * 1577. Lion couronné debout. Var. de Verkade pl. 35 n. 2. Var. de Voogt n. 25. Arg. Beau.

155 1577. *Ecu au lion* avec l'indication de la valeur 30—S sous l'écusson au lion. MO . NO . ARG . HERM T — 30 . S . H . D . BR . L . BA . I . B . Z . S *. Rev. ⁂ POSVI * etc. de Voogt 25c. Arg. Beau.

156 s.d. *Sou* MONETA . NOVA . ARGEN(T). Armoiries écartelées: *Manderscheid*, *Stein*, *Daun*, *Rouci*; en surtout, *Bronckhorst*. Rev. ♣ HER ♣ — ♣ THE ♣ — BRO ♣ — ♣ B ♣ A — ♣ B ♣ Variété inédite de Verkade pl. 209.5. et de Voogt no. 31 *avec toute autre couronne*. Billon t.b.c. Rare.
Voir la reproduction du droit.

157 *Sou* pareil, la couronne comme Verkade pl. 209.5. Billon t.b.c.—b.c.
Voir la reproduction du droit.

158 1585. *Pfennig* uniface. Les armoiries de *Bronckhorst* et de *Stein*, dessus la date 158(5), dessous * ✿ *. Ae. b.c. *Inédit*. Extr. rare.
Voir la reproduction.

Feu M. Roest dans „Les monnaies des seigneurs de Bronckhorst-Batenbourg" nous dit que les monnaies de Herman Thierry étaient peu en faveur auprès des Etats de la Gueldre, la circulation en fut défendue. défense qui fut répétée par une ordonnance semblable de 1580. Il paraît que cette dernière prohibition a eu l'effet désiré car on n'a pas encore retrouvé de monnaies frappées après l'année 1579. — La pièce présente prouve que le seigneur Herman-Thierry a bien frappé de la monnaie après la dernière prohibition.

159 *Dutes*. Verk. pl. 35.1. *a*. avec ooo — BAT — ENBVR — GVM — oo *b*. avec . . BAT — ENBVR — GVM —. Ae. 3 ps. var.

Maximilien, *Seigneur de Batenbourg, Stein et de West-Barendrecht* 1612—1641.

160 1616 *Daalder* (Ecu). **Essai carré frappé en piedfort.** ✠ MAXIM . CO . D : BRONCK . BAT . LI . BAR . IN . BATENBVRCH . ET . ST. Armoiries écartelées, *Bronckhorst-Batenbourg*; en surtout, *Stein* et ornées de 3 heaumes à cimiers et lambrequins. Rev. . 16 MATTHIAS . I . D . G . ELEC . ROIMP . SEM . AVGVS . 16. Double aigle impériale. de Voogt, pl. 3. n. 2. Arg. gr. 58,3. Superbe et **extrêmement rare.** *Seulement 3 exemplaires connus.*
Voir la reproduction.

161 *Pièce de 4 Sous.* (MON)ETA : NOVA . ARGENT . BAT. Armoiries
écartelées et couronnées, entre 4—S. Rev. MATH . I . D : G . ... OM.
IMP : SEMP . AV. Double aigle impériale. Var. de Verk. pl. 209, n. 4.
Var. de Voogt. n. 8. Roest, n. 92. Arg. b.c.

162 *Pièce de 4 Sous.* L'indication de la valeur dans la légende (MO)NETA .
NOVA . ARG . BAT . IV . ST. Rev. MATHIAS . I . D : G . EL . RO .
IMP . SEM . AV. Var. de Verkade, pl. 225,3. Var. de de Voogt, n. 9.
Manque à Roest. Arg. t.b.c. Rare.

163 *Pièce de 4 Sous.* Sans indication de la valeur ni aux côtés des armoiries,
ni dans la légende du droit, mais au coeur de la double aigle * MO —
TA . NOVA . ARGENT . BAT. Rev. MATH . I . D . G . ELEC . ROM .
IMP . SEM . AVG. Double aigle impériale, en coeur globe avec IV.
Comparez de Voogt n. 10. Roest n. 100. Arg. t.b.c. Fort rare.

164 1622. *Escalin à la rose* ou *pièce de 5 Sous.* MO . NO . AR . MAX . CO .
DE . BR . BAT . 1 . 6 . Z . Z. Ecu couronné au lion. Rev. FIDE . — .
SED . — . CVI . — . VIDE. Croix fleuronnée, en coeur V : S. Verkade,
pl. 35.3, de Voogt, n. 16. Arg. t.b.c. Rare.

165 1622. *Escalin à la rose* ou *pièce de 5 Sous* pareille. Légende du revers.
INSE — R(V)IE — NDOCO — NSVMOR, de Voogt n. 16. pl. 2. n. 12.
Verkade, pl. 35.3. Arg. t.b.c. — b.c.

166 1618. *Groschen.* ☼ MO . MAX . CO . D . BR . B . E . S. Lion debout. Rev.
18 MATT . I . R . I . S . A. 16. Globe impérial; en coeur, 24. Variété de
de Voogt n. 6, pl. II. n. 9. Manque à Roest. Arg. t.b.c. Rare.

167 1618. *Groschen* pareil, variété de gravure, avec la valeur Z 4, dans le
globe. Arg. b.c. Rare.

168 s.d. *Groschen* inédit. * MAX . C . D . BR . L . B . IN . BA . ET . S. Ecusson
aux armoiries écartelées : 1 et 4 de *Bronckhorst*, 2 et 3 de *Baten-
bourg-Stein.* Rev. . MAT . I . D . G . RO . IM . SEMA. Globe impérial,
en coeur Z4. Manque à Verkade, de Voogt, Roest. Arg. t.b.c.
Extr. rare.
Voir la reproduction.

169 1620. *Double Sou.* MO . NO . ARG . MAX . CO . D . BR . I . B. Ecu couronné
à la double aigle portant en coeur, petit écu de Batenbourg: dans le
champ, 2 — S. Rev. ☼ DEVS . PROTECTOR . MEVS . 16Z0. Croix
fleuronnée; au centre, une rosace. de Voogt n. 15. Billon. t.b.c. Extr. rare.
Voir la reproduction.

170 1620) *Double Sou* pareil, variété avec CO . D . BR . B ., l'écusson entre
Z — S; de Voogt n. 15b. Arg. t.b.c. troué. Rare.

171 s.d. *Sou* ou *pièce de 3 Kreutzer* aux armoiries de Bronckhorst, Batenbourg et Stein posées en cercle. * MONETA . NOVA . ARG . BAT .
1 . STV Rev. Double aigle portant en coeur, globe avec la valeur 3.
de Voogt n. 12b. pl. 2 n. 11b. Arg. b.c. Rare.

172 s.d. *Pfenning.* Droit M̥ (Maximilianus Comus). Rev. Les armoiries de
Stein. Ae. t.b.c. Inédit.
Voir la reproduction.

173 s.d. *Duit* ou demi-liard. . BAT — ENBVR . — GVM . — . * .; autre
avec BAT — ENBVR — GVM. (N rétrograde) Var. Verk. pl. 35 n. 5.
Var. de Voogt n. 2. Roest no. 83 et no. 73. Ae. t.b.c. 2 ps.

174 s.d. *Date* avec ..BAT — ENBVR — GVM — .. Roest no. 76, autre
avec ooo BAT — ENBVR — GVM — ooo Ae. 7 ps. b.c.

175 s.d. *Date* avec :: BAT — ENBVR — GVM — oo Uniface et autre avec
CI — VITAS — BAT — ... Ae. 2 ps. b.c. et a.b.c.

176 **Beckum** (Westph), 1878. *Kathol. Gesellen-Verein.* Jubilé de 25 ans.
Métal blanc. mm. 32. portative. Belle.

177 **Bendorf a. Rh.** 1862. *Kath. Gesellen-Verein.* Métal blanc. Belle.

Bentheim-Tecklenbourg, (Comté).

178 **Maurice.** 1657. *Thaler* au buste cuirassé et drapé, à dr. MORC . IN .
TEC . BEN . ST . ET . LIM . D . IN . RHE. Rev. Armoiries à 3 heaumes
IN TE . SPE — RO . DOMINE Schulth. 4977. Madai 1672. Arg. t.b.c.
Rare.

179 **Bentheim. Ernest Guillaume** 1662. 63 *Double Sou.* Ecusson de
de Bentheim. Rev. Double aigle, portant en coeur. 2. Arg. b.c. 2 ps.

Bentheim-Berg.

180 1598. Cruautés dans le pays de **Munster,** de **Bentheim,** le **duché
de Berg** et le **comté de Marck.** L'armée de Mendoça décimée
par la peste. Jeton en argent. v. Loon I, éd. holl. 521 éd. fr. 508.
Dugniolle n. 3445. Arg. Très beau.

Berg, ('s Heerenberg) (Seigneurie et Comté).

181 **Guillaume I.** Comte (1354—1387). *Denier* (Köpfchen) ƆTA ...
ꟿO. Tête à g. Rev. ҺEꟿ ... GR — OꞂV. Croix coupant la
légende. Compz. Rev. belge 1873. pl. IV. 7. **Inédit.** Arg. b.c. un peu
ébréché.

182 *Tiers du blanc au lion,* ... BER ... Lion debout. Rev. Croix. Billon
usé. Inédit.
   Type de ceux de **Jean II de Megen** v. d. Ch. pl. II. 3. de **Marie de
   Herpen.** (Rev. Belge 1900. page 295).

183 **Frédéric III.** 1387—1416. *Demi Gros* (imitation du type Geldrois
v. d. Ch. pl. VIII. 6) FREDERICVS : DOMINVS : BERG'.
Deux lions tenant heaume. Rev. MONET — A . NOVA — DE .
BER — GENSIS. Croix coupant la légende cantonnée des lettres
A(rnhem), S(utphen), B(erg), N(ijmegen). Var. de v. d. Chijs, pl XVI
n. 3. Serrure n. 8. Arg. b.c. Fort rare.

184 **Guillaume IV** (1546—1586) *Comte de Berg, Seigneur de Bylant, Hedel.
Boxmeer, Hornoet et Wisch.* **Première période** (avant l'occupation de
ses états par le duc d'Albe en 1568). *Angelot* (Imitation du type
anglais) au *St. Michel* et au navire MONETA ⚓ NOVA *
AVREA * COM * MONTEN. Vaisseau portant écusson aux
armoiries, 1 et 4 de *Berg,* 2 et 3 *Egmond,* v. d. Chijs pl. XVII.
2. Serrure 25. **Or.** t.b.c. légère félure. Rare.

185 s.d. *Ecu au buste jeune à g.* sans barbe, cuirassé et revêtu d'un manteau
d'hermines; m. m. pomme de grenade GVIL, * CO' * D * MON' * Z *
DNS' * D * BIL' * HE' * BOX' * HO' * Z * WIS. Rev. Armoiries heaumées
de Berg DNS * PROTECTOR * VITE * MEE * A * Q° * TREPIDABO.
Variété de v. d. Ch. pl. XVIII. 8. Comparez Serrure n. 28. De Voogt
no. 9. Var. de Roest n. 36. Arg. t.b.c. Rare.

186 *Ecu au buste couronné de St Oswald*, la couronne *ouverte*, frappé à *Hedel*. Rev. Lion debout tenant écusson aux armoiries écartelées de *Berg-Hedel*; en surtout, *Polanen*. v. d. Ch. pl. XIX. 17. Serrure 36. Arg. b c.

187 *Ecu au buste couronné de St. Oswald*, la couronne *fermée*. ❀ * SANCT' * OSWAL' * REX * NVMVS * ARGEN' * ʒO * STV' * dans le champ, la valeur ʒO — S. Rev. m.m. crochets. Lion tenant écusson au lion de Berg. Var. de v. d. Ch. pl. XIX. 19. de Serrure no. 32b. Roest no. 52. Arg. b.c.—t.b.c.

188 *Ecu* pareil, Arg. b.c.

189 *Ecu au buste couronné de St. Oswald*, la couronne ouverte, m.m. *croix* des deux côtés; v. d. Ch. pl. XX. 21. Serrure 31b. Arg. b.c.

190 *Ecu* pareil, m.m. *rosace* des deux côtés. Rev. ❀ GVIL' * CO' * D * MON' * Z . DNS' * D * BIL' * HE' * BOX' * HO' * Z * WIS. v.d. Ch. pl. XX. 22. Serrure 34 $\frac{a}{2}$ Arg. t.b.c.—b.c.

191 *Ecu* pareil, variété inédite avec Z * DNS' * BIL' * Arg. Beau.

192 *Ecu au St. Pancrace*. Comparez v. d. Ch. pl. XXI. 31. Var. de Serrure n. 40. Plomb. t.b.c.

193 1558 *Gros à la Madone* (Mariengroschen) type de *Goslar*. AVE * MARIA — * GRA' * PLEN. Rev. MONE' * NO' * COMI' * DE * MONT' * 1558 L'écusson au lion de 's-Heerenberg. v. d. Chijs. pl. XXII. 34. Serrure 42 Arg. b.c. Rare.

194 — *Gros à la Madone*, variété avec * GRA * PLE * Rev. MON' * Serrure 42a. Arg. b.c.

Deuxième période 1577—80.

195 1578. *Ecu* au buste cuirassé à dr. frappé à *Dieren*. m.m. calice GVIL' CO * D * MON * Z' * DNS * D * BIL * HE * BOX * HO * Z * WIS, dans le champ, la date 15—78. Rev. MONETA * NOVA * ARGEN * IN * DIEREN * CVS — A. Rev. Ecusson à deux heaumes, aux armoiries écartelées de *Berg, Egmond Moers-Sarwerden et Culemborg*. Comparez Verkade. pl. 29. 3. Serrure no. 54a. Arg. t.b.c.

196 — *Ecu* pareil fr. à *Dieren*. Arg. b.c.—t.b.c.

197 — *Ecu* pareil fr. à *Dieren*, marque monétaire *pomme de grenade*. Serrure 54b. Arg. t.b.c.

Frédéric de Berg, *Seigneur de Hedel* 1577—1580.

198 1578. *Ecu* fr. à *Hedel*, au buste cuirassé du comte à g., la main droite repose sur son casque — FREDER . C . D . MO . — BA . I . HO . (HO liés) — BO . HEDL . D . I . W., dans le champ, la date 1 . 5 — 7 . 8. Rev. QVIS NISI DEVS T — I — ME EVM NA (NA liés) STAT (AT liés) 5/6. Ecusson heaumé aux armoiries écartelées de *Homoet, Boxmeer, Hedel* et *Stevensweert*; en surtout, *Berg*. Voir Verkade, pl. 30.3. Surrure 73. Arg. t.b.c.—b.c. **Variété intéressante**, le champ des armoiries de Boxmeer est sans billets.

     Cette monnaie avait la valeur de 5/6 de l'écu des Etats de Gueldre ce qui est indiqué sur la pièce.

199 1579. *Ecu de 30 sous*, autre buste, m.m. *tréfeuille*, FREDERIC.D.
MOBA . I . HO — BO.HED.D.I W. Rev. MONETA * NOV — V *
TRIGIN * STV - * Ecusson heaumé aux armoiries écartelées. Voir
Verkade pl. 30.4. Type de Serrure n. 77, mais la cuirasse fleuronnée
et sans date au revers. Var. de Roest n. 132. Arg. t.b.c.

200 — *Ecu* pareil, ♃ FREDERI: C D.MO.BA.I.HO — BO.HED.D.I.W.
type de Serrure 81 ; la légende du revers commence en bas à gauche
MONETA ❦ ARG — E — N ❦ TRIGIN ❦ STV. Roest n. 141.
Manque à Teyler. Arg. Beau. Rare.

201 s.d. *Sou* MONETA . NOVA . ARGENT. Ecusson couronné aux armoiries
écartelées, entre I—S. Serrure n. 87. Arg. b.c.

Herman Frédéric *de Stevensweert* 1627 - 1631.

202 *Peerdeke de Stevensweert*, (1/8 Snaphaan). v. d. Chijs, pl. XXII. 30.
Serrure n. 99. Arg. b.c. 2 var.

203 *Dute de Stevensweert*, S ST — WERTE — CVSA - - .. Serrure 105.
Ae. t.b.c.

204 *Dutes de Stevensweert*, avec .S ST . IN . SV — LA. Serrure 107. Ae.
b.c. 4 ps. var.

205 **'s Heerenberg**. 1890. Société des Francs-tireurs „*Vrijwillige Schut-
tersvereeniging*". Deux épées en sautoir. Br. 25. mm. Zwierzina n. 000
(avec oeillet). Rare.

206 **Bocholt**. 176(1). *XXI Heller*. (Sou). Ae. t.b.c.—b.c.

Bois-le-Duc (*Sous les Archiducs Albert et Isabelle* 1598—1621).

207 1603. *Gigot*. (Negenmanneke) Ecu des Archiducs Rev. Ecu de la ville de
B.-le-Duc ; deux variétés ARCHIDVCES. AVS . DVCES. BV . ET . B.
l'autre avec DVC . BVR . ET . B. Comparez de Witte 993. Verachter
pl. XV. 3 Ae. Beau et b.c. 2 ps.

208 1616. *Negenmanneke*. Ecu mi-parti d'Autriche-Bourgogne. Rev. Croix
de Bourgogne. de Witte 994. Verachter pl. XV. 4. Ae. Beau.

209 *Liard d'argent dur*. Ecu d'Autriche-Bourgogne accosté de la date. Rev.
Croix fleuronnée. Verachter pl. XIV. 5 de Witte 989. Billon. t.b.c. Rare.

210 1629. **Prise de Bois-le-Duc et surprise de Wesel**. Le prince
Frédéric Henri à cheval à g.; dans le lointain vue de la ville.
ORDD . CONFOED . BELG . AVSP : PR . FRED HENR . FORT . —
à l'ex. SILVA DVCIS CAPTA. Rev. Plan des fortifications de Wesel.
FACTVS EST YOVA REFVGIVM & ADIVTOR IN TEMPORE
OPORTVNO 1629. v. Loon II éd. holl. page 180 éd. fr. page 178. Arg.
60 m.m. gr. 67,3. Très belle. Belle et rare.
Voir la reproduction.

211 — **Prise de Bois-le Duc, surprise de Wesel et délivrance de la
Veluwe**. Le prince Frédéric Henri à cheval à g, comme sur la méd.
précédente. Rev. Au milieu du champ; sur une bande, VELAVIA
LIBERATA ; en haut, vue de **la ville de Wesel**, à l'entour ✠ VESALIA
EXPVGNATA ; en bas, vue de la Veluwe avec les deux forteresses
près de **Spankeren** sur l'Yssel. v. Loon II éd. holl. page 184 éd. fr.
page 181. Arg. m.m. 59. gr. 56. Belle et fort rare.
Voir la reproduction du revers.

Bolsward (Ville).

212 **Egbert II**. *Comte de Frise* 1068—90. *Denier* frappé à **Bolsward**. VECBERTVS. Buste de face. Rev. Les têtes des apôtres Simon et Jude + BOLISWERT (faible), Comparez v. d. Chijs pl. III. 18. Arg. Beau. Fort rare.

213 1456. *Demi Escalin*. ✠ MONETA ⁝ DE ⁚ BOLSWERDIA. Double aigle. Rev. ANNO -- ⁚ DOMI — N ⁚ MCC - CC ⁚ LVI. Croix évidée au centre et coupant la légende; dans les cantons, B — O — L — S et en cœur O. v. d. Chijs, pl. IV. 3. Arg. t.b.c. Extrêmement rare.
     Voir la reproduction.

214 1475. *Schelling*. ✠ MONETA ⁚ NOVA ⁚ BOLSWERDEN'. Double aigle. Rev. ⁚ ANNO — ⁚ DOMIN — ⁚ MCCCC --- ⁚ LXXV. Croix coupant la légende, en cœur B. Manque à v. d. Chijs. Arg. t.b.c.—b.c. Fort rare.

Bommel (Zalt-Bommel).

215 *Duité*. Lion armé, debout. Rev. SALT — BOM — EL. Verkade, pl. 37. n. 4. Ae. b.c. 2 variétés.

216 1599. Erection du fort *St. André* dans le *Bommelerwaard*. Buste du cardinal *André d'Autriche* de face, tourné à dr. Rev. Forteresse. Variété de v. Loon I, éd. fr. 518, éd. holl. 531. Plomb 59 mm. b.c.

217 1600. Prise du fort St. André entre la Meuse et le Vahal par le prince Maurice de Nassau-Orange. v. Loon I. éd. fr. 533, éd. holl. 546, Dugr. 3504. Jetons. Arg. et Ae. b.c. et t.b.c. 2 ps.

Bonn.

218 1703. **Prise de Bonn** par le général **Menno Baron de Coehorn**. Son buste de face, tourné à dr., cuirassé et à longue chevelure. MENNO . BARO . DE . COEHOORN . SVMMVS . APVD . BATAVOS ARMORVM . PRÆFECTVS &. Rev. SIC . IGNE . DOMATA . FEROCI. Vue de la ville. En exergue UT TONUS EVERTIT TUBARUM MOENIA — QUONDAM — SICQ . TONANS COEHORN, MOENIA — BONNA TUA . -- G . F . N. Inscription sur la tranche. v. Loon IV, éd. holl. 542.2. éd. fr. 395. n. 2. Med. Ill. II page 245 no. 84. Merle page 398, 70 ; Wellenh. 13468. Belle méd. par G. Hautsch et G. F. Nürnberger. Arg. 17 m.m. gr. 37.2. Très belle.
     Voir la reproduction.

Borkulo (Seigneurie).

219 **Gisbert de Bronckhorst** 1368—99. *Gros tournois* ✠ TVRONV . S . CIVIS. Rev. lég. int.: ✠ WIGIESBERTVS . D. Croix. Arg. b.c. Extrêmement rare.
     Voir la reproduction.
       Contremarqué à la roue d'Osnabrück.

220 *Gros tournois* ✠ TVRONVS . CIVIS. Rev. lég. int. ✠ WILB-ERTVS DHS. Croix pattée. Arg. t.b.c.—b.c. Extr. rare.
     Voir la reproduction.

221 **Frédéric Christian**, *évêque de Munster, seigneur de Borkulo* 1693.
XII Mariengroschen. Armoiries: dans les 3me et 4me quartiers, les
armoiries de Borkulo FRID.CHRIST.D.G.EP.MONAST. Rev.
Valeur et BVRGGR.STROMB.S.R.I.PRIN.D.IN.BORCK(ulo.
Arg. Beau.

Borne (Seigneurie en Limbourg).

222 **Rénaud IV de Dalenbroek**. 1378—1396. *Liard* fr. à *Sittard?*
✠ MONETA RINOR. Dans le champ $\frac{REI}{NOR}$ Rev. MON..V..
SOTVD. Croix. Comparez v. d. Ch. pl. IV. 2 et 3. Ae. t.b.c. Inédit.

223 *Liard* fr. à *Borne*, avec ✠ MONET BORNNEN: Dans le champ
$\frac{REI}{NER}$ Rev. ✠ MONNTA — BORNEN. Var. inédite de v. d. Ch.
pl. IV 2 et 3. Ae. b.c.

224 *Liard* pareil ✠ MONETA BORN)N. Rev. ✠ MONETA
REINER. Ae. t.b.c. Inédit.

225 *Liard* pareil ✠ NONETA BORNE. Rev. ✠ MONETA
BORE. Revue Belge 1882 page 606. 20b. Ae. t.b.c.

226 *Liard* pareil ✠ MONETA...BORNEN. Dans le champ $\frac{REI}{NEI}$
Rev. ✠ MONETA BORNEN. Revue Belge 1882 no. 20a. Ae. t.b.c.

227 *Liard* pareil ✠ MONET RAI—VRA. Rev. × MONETA
VDOD.A. Ae. b.c.

---

228 **Boxmeer**. Trois médailles religieuses. „*Mirakeleus H. Bloed te Boxmeer
— 1400*. Cuivre, laiton et métal blanc. mm. 26,19, 28,20 et 22,20.

Braunau *assiégée par les Autrichiens.* 1743.

229 *Obsidionale* octogone, de 30 Kreutzer, aux armoiries de Saxe. Mailliet.
pl. XVI. 7. Etain. Belle et rare.

Breda *assiégée en 1625 par les Espagnols sous Spinola.*

230 *Obsidionale de 40 Sols*, aux armoiries du prince d'Orange, entourées de
la légende BREDA.OBSESSA.1625. Contremarquée: en haut 40; des
deux côtés de l'écusson, de $\times\atop\times$ (armoiries de Breda), en bas d'une ⊗
v. Loon II. éd. holl. 157. éd. fr. 156. no. 3. Mailliet. pl. XVII. 13.
Arg. Belle, trouée.

231 *Obsidionale de 20 Sols*, aux armoiries de la ville BREDA.OBSES.1625.
Contremarques: 20 et rosace. v. Loon II. 157—156. no. 4. Maill. pl.
XVIII. 11. Arg. Belle.

232 *Obsidionale de 20 Sols* pareille, variété avec BREDA.OBSES:1625.
Arg. Belle et rare.

233 *Obsidionale de 2 Sols*. v. Loon II éd. holl. page 157. éd. fr. page 156 no. 5.
Mailliet no. 15. Ae. 4 ps., *coins différents*. Belles

Breisach.

234 1638. **Prise de Breisach** par le duc **Bernhard de Saxe-Weimar.**
Son buste cuirassé, de face, tourné à g., dans un cartouche orné. Rev.
Vue de la ville; en haut, légende de 4 lignes. Belle médaille par
J. Blum. Tentz. 39. 3. Reimm. 6372. Vermeil. mm. 54. gr. 51. 5. Belle
et rare.

235 1675. **Prise de Breisach** par **Turenne**; 60000 Allemands chassés au
delà du Rhin. Méd. au buste de Louis XIV; par Mauger. Rev.
LX — M.GERM. ULTRA. RHENUM — PU — LSA. v. Loon III. éd.
holl. p. 170. éd. holl. p. 161. Br. mm. 41. Belle.

Broeck (Seigneurie en Limbourg).

236 **Jean I van der Donc**, *seigneur de Bicht* vers 1465. Monnaie de
billon. ...ΛΩ ...ϽΟϽ. Armoiries remplissant tout le champ (comme
v. d. Chijs pl. VII. 1). Rev. ꓑꓱꓔΛ — ꓵꓳꓦΛ : ꓭꓲꓳꓓ. Croix
pattée; au centre, un coeur percé. b.c. Inédit.

Brunswick-Wolfenbüttel.

237 **Frédéric Ulrich** (1613—34). s.d. *Kipper Zwölfer*. LABORE. — CON —
SUMIN — Variété de Fiala 1640. Arg. b.c.

238 1615. *Vierundzwanziger*. Sauvage tenant globe, avec 24. Rev. Heaume.
Var. de Fiala 815. Arg. t.b.c.

Brunswick Nouvelle-Wolfenbüttel.

239 **Rodolphe Auguste** 1673. *XII Mariengroschen*. Sauvage et valeur.
Knyph 595. **Rodolphe Auguste et Antoine Ulrich** 1695. *XXIIII
Mariengroschen*. Cheval et valeur. Knyph. 7898. Arg. t.b.c. 2 ps.

240 **Auguste Guillaume** 1725 *Ducat*. Armoiries couronnées Rev. PARTA
TVERI. Sauvage; à l'exergue, E.P.H. Manque à Knyph. Knigge 1119.
Or. Beau. Fort rare.

241 **Louis Rodolphe** 1726. *Demi-Ducat*. Monogramme couronné. Rev.
EX ADVERSO DECVS. Heaume. Knyph *1111*. Knigge 1291. **Or.**
Superbe.

242 1733. *Ducat*. Tête à dr., à longue chevelure. Rev. EX ADVERSO
DECVS. Sauvage tenant armoiries couronnées; en exergue, 1733.
Knyph 8033. Knigge 1280. **Or.** Beau.

243 **Ferdinand Albrecht II.** (1 Mars — 3 Septembre 1735). 1735 *Ducat*.
Monogramme couronné. Rev. FAVORE. ALTISSIMI. Cheval; sur le
gazon, B.I.D.; en exergue ✚ 1735 ✦ Knyph. 8069. Knigge 1375. **Or.**
Superbe et rare.
Voir la reproduction.

244 **Charles I.** 1762. 5 *Thaler*. Buste cuirassé, à dr.; sous le buste, E.
Rev. NVNQVAM RETRORSVM. 1762. Cheval à g.; en exergue,
5 THALER. I.D.B. Knyph. 8094. Manque à Knigge. **Or.** Beau.

245 1763. 5 *Thaler*. Buste plus grand. Rev. Cheval à g. etc. Knyph 8095.
Knigge 1420. **Or.** Très beau.

246 **Charles Guillaume Ferdinand.** 1795. *Species Thaler*. Armoiries
et valeur. Knyph. 1598. Arg. Beau.

247 1789. *XXIIII Mariengroschen* FERD. DVX BRVNS ET LVN. Cheval.
Rev. Valeur et ✸ M . C . ✸ Knyph 1624. Arg. Beau.

248 1800. *XXIIII Mariengroschen* avec BRVNS . ET L. Rev. Valeur et
M . C. Knyph. 1630 var. Arg. F.d.c.

Brunswick Nouvelle-Lünebourg.

249 **George Guillaume** 1698. 1/48 *Thaler*. Monogramme couronné („*Blumenchiffre*"). Rev. Valeur dans une couronne de palmes. Arg. t.b.c.

250 **Jean Frédéric** 1679. *Ducat.* ✸ IOANNES . FRIDERICUS . D . G.
DVX BR . & L. Buste à dr., à longue chevelure. Rev. . EX DURIS
GLORIA. — ANNO . MDCLXXIX. Palmier sur un rocher; à l'exergue,
H . B. Manque à Knyph et à Knigge. Köhler 1870. **Or**. Beau et fort rare.
Voir la reproduction.

251 1/8 *Thaler* sur sa mort. Armoiries à 5 heaumes. Rev. NATVS—
ANN: M , DCXXV . — XXV . APRIL: — POTITUS RERUM   IN DUCA
TIBUS . CA — LENBERG : — GRUBENHAG : — ET . TERRA . GOT
TING : — ANNO . M . DC . LXV. etc. .... AUGUSTÆ — VINDELI —
CORUM. Knyph. 2557. Arg. Beau et rare.

252 **Erneste Auguste** (évêque d'Osnabrück 1662). 1680. *VI Marien
groschen* ✶ ERNEST : AUG : D : G : EPISC . OSN : DUX B . E : L :
Sauvage. Rev. Valeur. Manque à Knyph. Arg. t.b.c.

253 **George Louis** 1698—1727 (depuis 1714 roi d'Angleterre). 1714. *Ducat.*
GEORG : LUD : D . G . D . BR . & . LUN . S . R . I . AR . THES : & EL.
Cheval à g. Manque à Knyph. Comparez Knigge 2833. **Or**. Beau
et rare.

254 1711. 2/3 *Thaler*. Cheval et armoiries. Knyph 2912. Arg. Beau.

255 **George II.** 1755. *Goldgulden*. GEORG . II . D . G . M . B . F . ET . H.
REX . F . D. Armoiries couronnées. Rev. BR . ET . LUN . DUX . S . R .
I . A . T . ET . EL . 1755. Dans le champ 1 — GOLD — GULDEN —
2 . THAL : — N . D . R . FUS — I . A . S.   Knyph. 3185. **Or**. t.b.c.

256 1755. *Goldgulden*, variété avec BR . ET LUN. **Or**. t.b.c.

257 **George III.** 1814. Pièce de 2½ Thaler, d'or. Cheval libre, à g. ; à l'exergue,
C . H . H . — Rev. valeur, etc. Knyph. 3522. Knigge 3548 var. **Or**, belle.

251 — 1796. 24 *Mariengroschen*. Armoiries carrées; dessous ⅔. Rev. 24
— MARIEN — GROSCH : etc. Knyph. 3583. Arg. Beau. 1807. ⅔ *Thaler*.
Armoiries rondes. Rev. ⅔. etc. Knyph. 3643. Arg. Beau. — 2 ps.

259 **Brunswick** (Ville). 1538. *Gros à Ste Anne* (Annengroschen) MONETA ♣
NOVA ♣ BRVNSWICG ♣ 1538. Ecusson au lion. Rev. ANNA ♣ MATE
— VIRGIS ♣ MARI. Ste. Anne debout. Knyph. 4924 var. Arg. t.b.c.—b.c.

Bruxelles bloquée par les Espagnols 1580.

260 *Obsidionale de 18 Sous*. ○ PERFER . ET . OBDVRA ☉ BRVXELLA.
Armoiries de Bruxelles; en haut, 18 . ST. et accostées de 8 — 0. v. Loon I,
éd. holl. page 278, éd. fr. page 273. no. 4. Maillict. pl. XX, 7. Arg.
Uniface. Belle et rare.
Voir la reproduction.

261 1686. **Hospice du St. Esprit.** IESV FILI DEI — SALVATOR MVNDI.
Buste du Christ, à g. Rev. ✸ I . B . GRIMBERGHS ✸ N . DEVS ✸
16(tête)86. Le Saint Esprit entouré de rais. Br. nim. 32. t.b.c.

Bunde (Seigneurie en Limbourg).

262 **Jean de Bunde** et de **Bocholt** (vers 1444). *Billon noir*, à l'écusson incliné et écartelé, surmonté d'une branche de feuilles. ✠ .ONNE'— DE'. BVN. Rev. ✠ SIT ⁚ NOME... BEN. Croix cantonnée de 2 petits écussons. Type de v. d. Chijs. pl. V. 7. t.b.c.

263 *Billon noir*, même type. b.c.

264 *Billon noir*, même type. 4 ps. a.b.c.

265 *Billon noir*, type v. d. Ch. pl. IV. 5 avec ...NE'— DE ⁚ BV... b.c.

266 *Billon noir*, même type. Ae. b.c.—a.b.c. 3 ps.

267 *Billon noir* armoiries remplissant le champ. Rev. Croix cantonnée de 2 petits écussons. Inédit. b.c. Y ajouté; deux monnaies de billon (Reckheim? Bunde).

Calcar.

268 1626. Jeton des Etats d'Utrecht, frappé en mémoire de la victoire du **comte de Berg** sur la cavalerie du **comte de Stirum, près de Calcar** et sur l'érection de **l'amirauté de Dunkerque.** Droit, vue d'un choc de cavalerie. Rev. Un combat naval. Dugniolle n. 3827. v. Loon éd. holl. page 164 éd. fr. page 163. Ae. Beau.

Voir aussi les nos. 273—275, 278 et 279.

Cambrai, (Evêché).

269 **Manassès** (1095—1105). *Petit denier.* Tête d'évêque de face, dans le champ à dr. ℳ. Rev. Croix cantonnée de S — T — S — T, dans un double grènetis. Arg. t.b.c. petit morceau ébrêché.

270 *Petit denier.* Buste de face. Rev. Croix cantonnée de S — ● — S — ●, dans un double grèntis. Arg. t.b.c.

Campen.

271 1578. *Méreau* de la corporation des merciers. Balance; dans le champ, la date 15—78 et un C; dessous, contremarqué d'une tour dans un enclos. Plomb. mm. 30·28. Très intéressant.

272 1672 *assiégée par l'évêque de Munster. Ecu* (Thaler), aux armoiries de la ville, au dessous CAMPEN. Rev. NE — CESSITAS — ALTERA. —. 1672. v. Loon III éd. holl. page 64, éd. fr. p. 59. Mailliet pl. XXIII. 9. Arg. *Très beau.* Rare.

Clèves.

273 **Thierry VI** 1260—75. *Denier* fr. à **Calcar** + TEOD...VS. Buste du comte de face, tenant *épée* et *pointe de lance.* Rev. + C... L...AGI. Croix, cantonnée de P— A—✶—*. Arg. t.b.c. Inédit. Fort rare.

274 *Denier* pareil, fr. à *Calcar* . . EODERIGVS. Rev. ...C..RENOI Croix avec P—(A)—✶—* dans les cantons. Arg. b.c. Rare.

275 **Thierry VII** 1275—1305. *Denier* pareil, fr. à *Calcar* + TEO......CV. Buste du comte, de face, tenant *palme* et pointe de flèche. Rev. CA — ... — CA — E. I— Double croix; dans les cantons, .·. et ☉ Arg. t.b.c. Fort rare.

276 **Thierry VIII?** 1311—1347. *Denier* (Köpfchen) frappé à **Wesel**
✠ ...LEVENI WESELE. Tête à gauche Rev. MON — ...
— ONI—TIS. Croix coupant la légende. Arg. b.c. Inédit. Extr. rare.

277 **Jean I** 1347—1368. S.d. *Gros* (Wappen-Turnose) frappé à *Wesel*
✠ IOHANNES : COMES DE CLEVE : Ecusson dans
un cartouche trilobé, cantonné de six rosettes. Rev. Croix. Double
légende, à l'intérieur ✠ MONETA : WESEL : Arg. t.b.c.

278 S.d. *Gros* (Wappen-Turnose) frappé à *Calcar* ✠ IOHANNES :
COMES : DECCLEV Rev. ✠ MONETA : CALKEN.
Arg. b.c.—t.b.c.

279 **Adolphe III** 1368—94. *Gros au comte debout* (BreiterGroschen) fr. à *Calcar*.
ADOLPHVS : C ⊛ — OMES : CLEVE Le comte debout,
tenant épée et écusson. Rev. ✠ MONETA * NOVA * DE *
KALKARE. Croix fleuronnée. Arg. Droit. t.b.c. Rev. b c.

280 *Gros* pareil, au comte debout, fr. à *Clèves*. ADOLPHVS ⨯ CO —
MES ⨯ CLEVEN Rev. ✠ MONETA ⊛ NOVA ⊛ DE ⊛
CLEVENSIS Croix fleuronnée. Arg. t.b.c.

281 *Gros* pareil; deux rosettes entre les mots du droit et du revers.
Arg. b.c.

282 *Gros* pareil avec une rosette entre les mots du droit et du revers.
Droit. C — OMES ⊛ CLEVE Arg. b.c.

283 *Gros* pareils. Deux variétés avec CLEVENSI et CLEVENS.
Arg. b c. et a.b.c.

284 **Adolphe IV** 1417—1448. *Gros* de *Clèves*. ✠ ADOLPHVS
COMES ⨯ DE ⨯ CLEVEN Ecusson dans un cartouche lobé.
Rev. ✠ MONETA ⨯ NOVA ⨯ GROSI ⨯ CLEVEN Croix;
dans les cantons, C — O — M — S. Arg. t.b.c.
Imitation des gros de Vilvorde de Jeanne de Brabant.

285 *Gros* pareil. Arg. b.c.

286 *Gros* de *Clèves*. Les écussons heaumés et inclinés de Clèves et de
Marck. Rev. Croix coupant la légende, cantonnée d'une fleur de lis;
petit écu à l'aigle en coeur. Arg. b.c.

287 **Jean I** (1448—1481). s.d. *Gros* au cygne, fr. à *Clèves* et gros pareil, fr.
à *Emmerich*. Arg. 2 ps. frustes.

288 s.d. *Gros* au cygne. fr. à *Clèves*. ✠ IOHS' * DVX * CLIVENS' *
⤚ * CO' * DE * MAR Cygne tenant écu parti de Clèves-Marck.
Rev. MON' — NOVA — CLIV — ENS. Croix fleuronnée, coupant
la légende; dans les cantons, C — L — I — V' Arg. Beau.

289 s.d. *Gros* fr. à *Clèves*. Ecusson parti Clèves-Marck, dans un cartouche
trilobé. Rev. Croix coupant la légende; quatre fleur de lis dans les
cantons. Arg. t.b.c.—b.c.

290 s.d. ¼*Gros* fr. à *Clèves* ✠ IOHS' ⨯ DVX ⨯ CLIV — CO' ⨯ MARK'
Ecusson parti, Clèves-Marck. Rev. MON — NOVA — CLI — VENS'
Croix coupant la légende, cantonnée de C — L — E — V Billon t.b.c.

291 ½ *Gros* pareil avec CLIV . s . CO : MAR. Rev. CLIV—ENS' et C—L—I—V' dans les cantons de la croix. Billon. t.b.c.

292 ¼ *Gros* pareil. Deux pièces variées. b.c. et a.b.c.

293 1475. *Albus.* Armoiries de Clèves; au dessus, une étoile, au dessous, petit écu incliné de Marck. Rev. Armoiries écartelées sur une croix coupant la légende. Arg. Beau.

294 1475. *Albus* et s.d. *groschen.* L'écu dans un trilobe. Rev. Croix cantonnée de 4 lis. Arg. 2 ps. a.b.c.

295 — *Demi Albus.* Etoile au dessus de l'écu de Clèves. Rev. L'écu de Marck sur une croix coupant la légende. Arg. b.c.

296 **Jean II** 1481—1521. s.d. ¼ *Gros* fr. à *Emmerich.* ✠ IOhS' • DVX • CLIVE' • CO' • MAR Ecu parti de Clèves-Marck. Rev. CLA" — VI . AD — DO . ZE — X A'MEN Croix coupant la légende; dans les cantons, E — M — R — I' Billon. t.b.c. Rare.

297 ¼ *Gros* pareil, avec des annelets (o) entre les mots du droit. Billon. b.c. bord un peu fruste.

298 ⅛ *Gros* fr. à *Wesel.* Deux écus, de Clèves et de Marck. Revers. Croix coupant la légende; dans les cantons, W — E — S — L'. Grote V. pl. 6. n. 91, Arg. b.c.—a.b.c. Rare.

299 ⅛ *Gros* pareil. a.b.c.

300 1485. *Gros* au cygne, fr. à *Wesel.* ✣ IOhS' DVX CLIVENS' Z COMARK Cygne tenant écu parti Clèves-Mark. Rev. AN' o D — N' o M o C — CCC o L — XXXV. Croix fleuronnée coupant la légende; dans les cantons, W — E — S — A' Arg. Beau.

301 1488. *Gros* au cygne, fr. à *Clèves.* Rev. ANNO — DNI' — MCC CC — 88 Arg. b.c.

302 1489. *Gros* de *Wesel.* Armoiries écartelées remplissant tout le champ. Rev. MO . NO' . — WESA — LIE • A — D' 1489 Croix coupant la légende; dans les cantons, quatre fleurs de lis. Arg. Beau.

303 1490. *Gros* fr. à *Clèves.* Ecu de Clèves. Rev. ... NO — CLIVN — MCC — CC × XC. Croix, coupant la légende, avec écu de Marck. Arg. b.c.

304 1490. *Gros* pareil. Arg. t.b.c.—b.c. Y ajouté 1583 double albus de Guillaume de Juliers, de Clèves. Arg. a.b.c.

305 — *Gros* pareil, fr. à *Wesel.* MO'NO — WESA — LIE . MC — CC ... Arg. t.b.c.—b.c.

306 *Gros* pareils. Arg. 7 ps. a.b.c.

307 *Gros* pareil en cuivre. Pièce intéressante, fausse du temps.

308 1492. *Double Sou* fr. à *Wesel.* Les armoiries de Clèves et Marck, inclinés sous un heaume. Rev. MONE — NOVA — WESA — LIE : 92 Croix coupant la légende, cantonnée de 4 fleurs de lis. Farina 1540. Arg. t.b.c.—b.c.

309 1509. ¼ *Gros de Wesel* ⚜ IOĿS' × etc. Ecu de Clèves, dans un cartouche trilobé. Rev. ⚜ MO · ꬱO · WESꓕꓴ ... Mꓷꓷꓷꓷꓷ . .
Ecu de Marck dans un cartouche trilobé. Billon. b.c. Rare.

310 1511. *Demi-gros rhénan.* St. Jean, la tête inclinée; devant lui, écu parti
de Clèves Marck, accosté de deux annelets (o). Rev. ✠ MOꓷEꓕꓕ .
ꓷOVꓕ × REꓷEꓷS' × 1511. Croix; dans les cantons, les 4 petits
écus des princes rhénans. Arg. b.c.

311 1512. *Demi-gros rhénan* pareil ✠ MOꓷEꓕꓕ ∘ ꓷOVꓕ · REꓷE.
151Z. Arg. Beau.

312 — *Demi-gros rhénan* pareil, *variété intéressante*, la tête du Saint, non
inclinée, l'écu accosté de deux ꓷ — ꓷ (indiquant l'atelier monétaire
de Clèves); au revers, REꓷES ∘. Arg. t.b.c.

313 1513. *Demi-gros rhénan* pareil, la tête du Saint, *inclinée*, l'écu entre deux
annelets; au revers, REꓷES . 1515 . Arg. Beau.

314 — *Demi-gros rhénan* pareil; variété, la tête du Saint, *non inclinée*.
Arg. t.b.c.

315 1515. *Demi-gros rhénan* pareil, l'écusson accosté de deux ⚜. Au revers
REꓷE'S' * 1515. Arg. t.b.c.

316 1753. 54. 1¼ *Stüber;* s.d. *Dute* avec EEN — DUIT. Ae. 3 ps. t.b.c.

317 1669. *Stüber* (4 ps.) 1752. 2 *Stuber.* 1752. *Dute.* Arg. Billon et Ae. 6 ps

318 **Clèves. Philippe de Clèves, seigneur de Ravestein. 1492—1528.**
s.d. (Vers. 1492). Jeton. .... DE CLEVES × PĿS' × DE ×
CLEVES Armoiries. Rev ⚜ ꓕ × IꓵMꓵIS × ꓕ × IꓵMꓵIS ×
ꓕ × IꓵMꓵIS. Pandore debout; à ses pieds, une femme couchée,
le champ parsemé de rosaces. Dugniolle n. 373. Ae. b.c. Extr. rare.

319 1525. Jeton. PHLE × DE ˟ CLEVES ˟ S ˟ DE ˟ RAVESTAIN ˟ 5 .
Armoiries heaumées. Rev. ꓕ IAMES × (fleuron) A × IAMES, (fleuron).
Monogramme accosté de la date 15—Z3. Comparez v. Mieris II.
p. 284. Dugn. 1198. t.b.c. petit morceau ébréché de la tranche. Rare.

320 — Le même jeton, coulé. Beau.

321 1641. Jeton de **Louis de Gonzague** et **Henriette de Clèves**, en
mémoire de la Fondation charitable établie à *Nevers*. Leurs armoiries.
Rev. Autel. Laiton. t b.c.

322 1723. Méd. sur la mort du **Baron de Blaspil, président du conseil
de Clèves.** JOH: MAUR: L: B. D: BLASPIL. S. REG. MAI: BORUSS.
DUMVIV : MINIST . STATUS . ET . COLL . REG : CLIV : PRÆSES.
Ses armoiries. Rev. Tête de mort, sablier et une double légende. Meyer.
Ged. no. 10474. Plomb. m.m. 73.

323 s.d. Médaille. Exposition d'animaux *Ehrenpreis gegeben bei der Thierschau
und Ausstellung zu Cleve.* Par Loos et Kullrich. Br. m.m. 42. Belle.

324 s.d. Même sujet. „*Gewerbefleiss ist die Nationalkraft.* Par *Loos.* Br.
mm. 42. Belle.

325 **Coblentz Heidelberg, Philipsburg**. 1688. Médaille par *G. Hautsch* en mémoire de l'invasion des Français dans le *Palatinat*. „*Denck Teutschland an den Fridenbruch*". Vue du massacre des habitants, sur l'arrière scène vue du bombardement des villes de Coblentz, Heidelberg et Philipsburg. Rev. La Germania debout entre la Fidélilé et la Concorde. Inscr. sur la tranche. Exter I no. 250. v. Loon III. éd. fr. 362 éd. holl. 388 no. I Arg. mm. 45. gr. 39. 3. Belle.

326 **Coesfeld** (ville). 1644. 2 *Pfennige*, b.c.; 1713. 8 *Pfennige* (7 ps. 2 var.). t.b.c. *Osnabrück* 1716. V *Pfennige*. t.b.c. Ac. 9 ps.

Cologne.

327 **Otton I.** *Denier* ✠ ODDO ✠ ER. Rev. ST̄ COLONIA AG. Dannenberg 329*a*; autre avec ODDODE ✠ ✠; deux autres avec ✠ OTTO REX. Dbg. 331. Arg. 4 ps. t.b.c.
     Y ajouté 4 ps. a.b.c.

328 *Denier* ✠ ODDO ✠ — . *IIII*D. Croix; dans les cantons, un globule. Dbg. 342*d*. Cappe. pl. II no. 24. Arg. Beau.

329 *Deniers barbares*. Comparez Menadier XXIX. pages 262—4. Arg. t.b.c. et b.c. 2 var.

330 **Henri II** 1002—1024. *Denier*. Temple. Rev. Croix. Dbg. 352. Arg. t.b.c.—b.c.

331 **Conrad II** 1024—1039. *Denier* faux, de Becker. Buste couronné, de face. Pinder. Becker no. 308.

332 **Conrad II et Piligrim** 1021—36. *Denier*. Dbg. 380. Tête diadémée de Conrad, à dr., avec IMP. Rev. Eglise avec PILI—GRIN. Arg. b.c.

333 *Denier*. Buste drapé et diadémé, à dr. Rev. ✠ SANCTA COLO IMP. Eglise avec PILI—GRII. Dbg. 1372. Lelewel p. 185. Arg. t.b.c.—b.c. Rare.

334 *Denier*. Croix, cantonnée de PI—LI—GR—IM. Rev. Eglise. Dbg. 381. Arg. 3 ps. var.; autre à l'église plus grande et globule dans le fronton; autre avec fronton rond et autre avec SAM CO.... Arg. 6 ps. t.b.c. et b.c.
     Lot intéressant.

335 **Hildebold** 1076—79. *Denier*. (Hitarc-Pfennige). HITAPC ЄPI. L'archevêque, tête nue, assis tenant crosse et livre. Rev. Eglise. Cappe, pl. VII n. 112; autre avec l'évêque, tête mitrée; autre, l'évêque, assis tenant fanon. Arg. 4 ps t.b.c. et b.c.

336 *Denier* (Hitarc Pfennig.). HITAPC. L'archévêque assis, en ornat, les cheveux formés de perles, tenant crosse et livre ouvert. Rev. ✠ ЄACO — PAIC MAI. Eglise. Manque à Merle. Var. de Cappe. 287. (pl. VII. 112). Arg. Beau.

337 *Obole*. HI... — IЄPCO. L'archévêque assis, tenant crosse et livre. Rev. ...ACOLON... Eglise. Cpz. Cappe. pl. IX no. 148. Arg. t.b.c. Rare.

338 **Philippe de Heinsberg**. 1167—1205. *Denier*. PHILIPP' — L'archevêque assis, tenant crosse et livre ouvert. Rev. SANCTA COLONIA. Eglise à 3 tours. Manque à Merle. Compz. Cappe. pl. IX. 147. Arg. t.b.c. Rare.

339 *Denier de Soest.* ... ᴀᴄɪɴ. L'archevêque assis, tenant crosse et fanon.
Rev. ✛ PATROC ⊨ V ⊨ NI. Croix cantonnée de 3 globules et d'une
flamme. Weing. pl. 1. 6. Arg. Beau.

340 *Denier de Soest.* + PHJIPVR SO ACIO Ɔ PS. Croix cantonnée de 3 V et
d'une flamme. Rev. S CᵒLᵒNII — A. Compz. Cappe, pl. IX. 150.
Arg. Très beau. Rare.

341 **Philippe de Heinsberg** 1167—1205. *Denier.* a.b.c. **Adolphe comte
d'Altona** 1193—1205. *Denier.* Cappe pl. X. 152. b.c. **Thierry I**
1208—14. Denier. Cappe 496, b.c. **Conrad** 1238—61. *Obole.* b.c.—a.b.c.
Arg. 4 ps.

342 **Thierry de Heinsberg.** 1208—14. *Denier.* ✛ ᴛHᴇODᴇRIᴄ ...
L'archevêque assis, tenant deux fanons. Rev. ✛ SᴀNᴄ ... NIᴀ.
St. Pierre assis sous un arcade surmonté de 3 tours. Cappe no. 496.
(Cpz. pl. X no. 154). Arg. t.b.c.

343 **Engelbert d'Altena et de Berg** 1216—25. *Denier* ✠ ᴇNGᴇLB —
— S. III. L'archevêque assis, tenant crosse et livre. Rev. ✖ SᴀNᴄᴛᴀ
ᴄOLONIᴀ. Eglise avec deux fanons. Cappe pl. X n. 169. Arg. t.b.c.

344 **Conrad de Hochstaden** 1238—61. *Denier* ✖ ᴄONRᴀDVS ...
RᴄHIᴇPᴄ. L'archevêque assis, tourné à dr., tenant crosse et livre.
Rev. ✖ SᴀNᴄᴛᴀ .ᴄ ... ᴀ. Eglise avec 2 fanons. Cappe pl. XI.
191. Arg. Beau.
> Y ajouté. Denier à l'archevêque assis. Rev. St. Pierre tenant deux fanons.
> Cappe pl. XI. 182. Arg. b.c.

345 **Siegfried de Westerburg** 1275—97. *Denier* de *Soest* +SIFRIDVS—
ᴇPISᴄOPV. L'archevêque assis, tourné à g., tenant crosse et livre.
Rev. ᴄIV(ITᴀ) SVSᴀᴄIᴇNSIS — ᴇᴄL. Eglise; à la porte,
entrée de la serrure. Comparez Cappe pl. XII. 202. Arg. t.b.c. Rare.

346 *Denier* Cappe pl. XII 202. Arg. 2 ps. b.c. et a.b.c.

347 *Obole* + SIFR — ᴇPᴄ. L'archevêque assis, tenant crosse et livre. Rev.
... ᴀ ⁕ ᴄOLON. Eglise à deux fanons. Compz. Cappe no. 745. Arg.
t.b.c.—b.c. Rare.

348 **Walram de Juliers** 1332—49. *Gros tournois* de *Deutz* ✖ WᴀLRᴀM ⁚
ᴀRᴄHIᴇPᴇS ⁚ ᴄOLONIᴇ ⁚ Buste mitré de face, dans un
multilobe. Rev. Lég. int. ✖ MONᴇᴛᴀ ⁚ TVYᴇIᴇN. Croix.
Cappe 831. Arg. Très beau.

349 *Gros tournois* pareil, revers TVYᴄIᴄN. Arg. t.b.c.

350 **Cunon de Falkenstein** *archevêque de Trèves,* comme *Administrateur.*
1367—70. *Weisspfennig* de *Deutz.* ᴄONO ⁚ ᴀRᴇPVS ⁚ TRᴇ-
VᴇRᴇ — (Petit écu de Trèves). St. Pierre debout sous un dais gothique.
Rev. ✖ ᴀMIST ⁚ ᴇᴄᴄᴇ ⁚ ᴄOL' ⁚ MONᴇᴛᴀ ⁚ TVYᴄ. Ar-
moiries parties de Trèves—Cologne, dans un cartouche à 6 lobes.
Var. de Merle page 174, no. 8. Arg. t.b.c.

351 *Wappen-Turnose* de *Trèves* avec le titre ✖ ᴀDMINISTRᴀTOR ·
ᴇᴄᴄᴇ ⁚ ᴄOLONIᴇ. Arg. t.b.c.—b.c.

352 **Frédéric III de Saarwerde.** 1370—1414. *Florin d'or.* FRIDRIC'
— . — ᛐREPS CO Saint Pierre assis sous un dais gothique;
au-dessous, les petits écus de Saarwerde—Minzenberg. Rev. ✠ STCRI
IMPEII : PER : ITᛐL : ᛐRCᛐIIC Armoiries parties Cologne-
Trèves, dans un cartouche à six lobes. Manque à Merle et à Soothe.
Or. Très beau.

353 *Florin d'or de Deutz.* FRIDICS — ᛐREPSC' Le Saint assis;
au-dessous, petit écu à l'aigle. Rev. ✠ STCRI . INPEI .
MONETᛐ TVICI Comparez Merle page 176. 2. **Or**. Beau.

354 *Groschen de Deutz.* FRIDICVS : ᛐREPVS : COLON St. Pierre
sous un baldaquin; en haut, les petits écus de Falkenstein-Saarwerde.
Rev. ✠ PERYTᛐL ᛐRCᛐNC MONETᛐ TVYC. Armoiries
de Cologne-Trèves dans un cartouche à 6 lobes. Compz. Merle 181. 14.
Cappe. 983. Arg. Beau.

355 *Groschen de Deutz.* Le Saint Pierre sous un baldaquin; en haut, petits
écus de Cologne et de Saarwerde. Rev. Armoiries de l'archevêché de
Cologne avec petit écu de Saarwerde en surtout, le tout dans un
cartouche à 6 lobes. Cappe 987. Arg. t.b.c. 2 variétés.

356 *Groschen de Bonn.* St. Pierre sous un baldaquin. Rev. Armoiries de
Cologne avec l'écu de Saarwerde en surtout et accostées de 3 petits,
écus à l'aigle. Cpz. Cappe 990. Arg. t.b.c.—b.c.

357 *Albus de Deutz.* St. Pierre sous un baldaquin. Rev. Armoiries dans
un multilobe. Cappe 982. *Albus de Bonn.* Armoiries dans une trilobe
entouré des 3 petits écussons de Saarwerden. Comparez Cappe 988.
Arg. t.b.c.—b.c. 3 ps.

358 **Hermann IV de Hesse** 1480—1508. *Florin d'or de Bonn.* Ḣ'MᛐI'
ELCTI — ECCLE' COLON'. St. Pierre à mi-corps nimbé
de face; devant lui, écusson aux armoiries. Rev. MONE — NOVᛐ
— ᛐVRE' — BONNE'. Armoiries écartelées, sur une croix coupant
la légende. Reimm. 319. **Or**. t.b.c.

359 1503. *Demi Albus.* (Münzvereinsschilling). Saint Pierre audessus der
armoiries. Deux variétés 150 5 — ₊*₊ et 150 — 5 * Merle n. 12, 13.
Compz. Cappe pl. XV. 250 et même pièce de 1508. Appel II. 178.2.
Arg. t.b.c. 3 ps.

360 **Philippe de Daun.** 1512. *Florin d'or rhénan.* Le Christ assis, au-dessus des
armoiries. Rev. ✱ MO' ✱ ᛐV' ✱ — ✱ RENE' ✱ S'. 151Z ✱ Quatre
écussons dans un trilobe. Cappe n. 1223. **Or**. Beau. — t.b.c.

361 1509. 10, 11, 12, 13 *Raderschilling.* St. Pierre au-dessus des armoiries.
Arg. 6 ps. 3 ps. belles, 3 ps. t.b.c.

362 **Hermann V de Wied** (1515—1546) 1515. *Florin d'or rhénan* Ḣ'MᛐI ∘
ELET — I ∘ ECCLE ∘ COL. Le Christ assis sur un trône
gothique; dessous, écu de Cologne. Rev. ∘ MO' ∘ ᛐVR' ∘ — RENE'.
Quatre écussons dans un trilobe. Var. de Merle p. 233. n. 1. **Or**.
Beau et très rare.
    Voir la reproduction.

363 1515. *Raderschilling* au St. Pierre au dessus des armoiries. Arg. **Beau.**

364 s.d. *Heller* uniface. Armoiries écartelées, dessus . ♄ . Merle page 240.
n. 20. Arg. t.b.c.

365 s.d. *Heller* uniface. Mêmes armoiries, dessus . ℞ . (Richard Greiffenklau de Vollraths, archevêque de Trèves). Arg. t.b.c.

366 **Adolphe III de Schaumbourg** 1547—1556. 1549. *Florin d'or* ⋄ ADOL
⋄ ARC — EPS ⋄ COLO ⋄ Le Christ assis. Rev. ⋄ MO ⋄ AV ⋄ — ⋄ RENE
⋄ — ⋄ 1549 ⋄ △. Quatre écussons dans un trilobe. Manque à Merle. **Or.**
t.b.c. Rare.

367 **Anton de Schaumbourg** 1556—1558. *Florin d'or rhénan* ✿ ΛΝΤΟ ○
ΕLΕ — ΕΟ ○ ΟΟLΟΝ ⊛. Le Christ assis. Rev. ϤΟ ○ ΛV —
ℜΕ ○ ℜΕΝ — ΕΝ ○ 1557. Cpz. Merle page 250 n. 3. **Or.** t.b.c. Rare.

368 **Johann Gebhard de Mansfeld** 1558 1562. *Florin d'or* de 1558.
. IOHA . GB. — EL˙ EC . COL. Le Christ assis: dessous, petit écu. Rev.
. MO . AV ♣ — ♣ RENE ♣ — ♣ 1558. Armoiries écartelées, entourées de
3 petits écussons, de Mayence, de Trèves et du Palatinat, le tout dans
un trilobe. von Merle. 2 var. **Or. Beau.**

369 **Salentin d'Isenbourg** 1567—73 (depuis 1574 évêque de Paderborn).
1575. *Ducat* de *Deutz* SALEN : D : G : ELECT . EC : COL ; ET . ADM :
PAD. Son buste à g., barbe pointue. Rev. + MONETA NOVA AVREA
TVITIEN . 75 Armoiries à 6 quartiers. Compz. Merle n. 19. Köhler
939. **Or.** t.b.c.

370 **Ferdinand de Bavière** (1612—1650) 1630. *Thaler* au buste en médaillon
de l'empereur Ferdinand II, entouré des médaillons aux bustes des
6 princes-électeurs. Rev. Médaillon à la double aigle impériale, entouré
de la date 1630 et des 6 médaillons aux armoiries des Electorats:
M(ayence), T(rèves), C(ologne), B(randebourg), S(axe), P(alatinat). Merle
308 n. 15. Arg. Beau et rare.
Voir la reproduction.

371 **Ferdinand de Bavière.** 1638. *Demi Albus.* Cpz. Merle 35. **Maximilien
Henri.** 1665. *Albus.* 2 var.; 1655. 8 Heller. **Joseph Clément.** 1707.
¹/₂ *Thaler.* 1719. 2 *Albus.* **Max Frédéric.** 1766. ¹/₆ *Thaler* et 1777.
1 *Stüber* au buste. Arg. et Bill. 8 ps. Belles et t.b.c.

372 1672. *Obsidionale carrée de 5 Sols* du siège de Groningue par l'archevêque de Cologne et de l'évêque de Münster. Armoiries couronnées
entre 50 — ST. Rev. Poème en 16 lignes: „*doen de viandt hadt in
handen — Steden en Geheele Landen — Wierde Groningen oock beleidt.
— door bisschop Coln en munster beidt — door veel bommen en
Granaten — Sy vernielden huis en Straten* etc. Mailliet pl. XLIV n. 9.
Droit. b.c. Rev. t.b.c. Fort rare.

373 — Même sujet. *Obsidionales carrées de* 50, 25, 12½ *et* 6¼ *Sols.* Mailliet
pl. XLIV. n. 6, 11, 13 et 16. *Série complète.* 4 ps. Arg. belles.

374 **Siège vacant.** *Thaler.* CAPITVL . METROP . COL : SEDE .
VACANTE. 1688. St Pierre tenant écu de l'archevêché : Rev. CASPAR ✶
— MELCHIOR — BALTHASAR ✶ Les Rois Mages devant la Madone
avec l'Enfant Jésus. Madai 448. Schulth. 3346. Arg. Superbe.

375 **Clément Auguste** (1723—1761). 1750. *Ducat.* CLEM : AUG : ARCHIEP :
& EL : COLON : Buste à dr.; dessous, M. Rev. NON MIHI SED POPULO
I — 1750 — K. dans un médaillon rayonnant. Merle, n. 32. **Or.**
Très beau.

376 *Comme grand-maître de l'ordre teutonique* 1750. ¼ *Thaler.* ✳ CLEM.
AUG . D . G . AR . EPIS . & EL . COL . M MAG . P . BOR . ADMI . &
SUPR . MAG : O . T . EP . H . P . M . & O . U . B . D. Monogramme
couronné, dans le champ la date. Rev. S . ELISABETHA PATRONA
ORDINIS TEUTONICI. Ste. Elisabeth distribuant des aumônes. Merle,
page 447, n. 48. Sch. 5030. Arg. Droit. Beau. Rev. t.b.c.

377 1755. ⅙ *Thaler.* Armoiries et valeur. Arg. t.b.c. 1744. *Stüber.* Monogramme et valeur. Billon. t b.c. 2 ps.

378 1761. *Gross* sur à mort. Armoiries et légende. Dudik, pl. 14.153.
Arg Beau.

379 1736, 46. ¼ Stüber. **Max. Frédéric** 1765.67. ¼ *Stüber.* **Cologne
Ville.** *IIII Heller.* 1768.89. et Brodtpfennig de 1789. Ae. 8 ps. t b.c.

380 1761. **Siège Vacant.** *Double Thaler.* Droit. Les Rois Mages. Rev. St.
Pierre dans les nuages. Sur la tranche. CLEMENS AUGUSTUS
NATUS 17 AUG. 1700 ELECT. 9 MAY 1722 OBYT 6 FEB. 1761 —
Merle, page 457 n. 1. Arg. Très beau. Rare.

---

381 1583. **Gebhard II Truchsess von Waldburg, archevêque de
Cologne.** Médaille au buste de face, tourné à g. GEBHARD D G
ARCHEPS ET EL COL WEST ET ANG^(D). Signature au bras AKR (en
monogr.) Rev. Ses armoiries CONVERSVS CONVERTE . FRATRES
TVOS . 1583. dessous sur une banderolle CANDIDE. Comparez v. Loon I.
337—331. Arg. mm. 54. gr. 42. Belle et extr. rare.
    Voir la reproduction.

382 s d. **Secours rendu par Max. Emanuel de Bavière** à son frère
Joseph Clément l'archevêque de Cologne, contre **La France.** Buste
de Max. Emanuel cuirassé, à dr,. avec casque; par P. H. M(üller). Rev.
MAXIMUS INTRA ME DEUS EST — PRECIUM ET CURA LABORIS.
Les écussons de Cologne (Electorale); du Palatinat et le globe impérial
sous une couronne archiducale, liés par un ruban, en haut le lion
bavarois marchant à dr. Inscr. sur la tranche ECCE! VINDEX
GERMANORUM ET FRATERNÆ LESIONIS . ...(F K)... Etain.
mm. 49. t.b.c. Wttb. 1506. Mont. 1096. Forster 834.

383 La même médaille comme dame en buis. mm. 57. Belle.

384 1724. **Le Canal de Munster à Zwolle,** ouvert par l'archevêque
Clément Auguste. Son buste à dr. par V(estner). Rev. VTILITATI .
PVBL — ET . COMMERCIIS. Minerve debout; à l'exergue, FOSSA
APERTA — 1724 . 9 . MAY. v. Merle. no. 54. Dirks Repert. III no. 311.
Arg. mm. 50; gr. 45. Belle et fort rare.
    Voir la reproduction.

Cologne (Ville).

385 (XVme siècle). s.d. *Florin d'or.* ✳ MO' ✳ ᴄIVIT — ᴀT' ✳ ᴄO
LOꞍ' ✳ Le Christ assis sur un trône gothique; au dessous, écu de
la ville. Rev. ⚜ BᴀLTHᴀS' ⚜ IᴀSPᴀR ⚜ MELᴄhIOR.
Globe crucigère dans un trilobe. Merle page 479, no. 3. **Or.** Beau.

386 s d. **Double Ursulathaler**. IΛSPΛR — MELCHI – OP ET * BΛ — LTΛSΛR Les trois rois, couronnés, tenant sceptre et bocals, debout, près de l'écusson de la ville; en exergue, O + I + CLI CCOI * Rev. SΛNGVIE — HI * ROSEO * REGNΛ * VICERE * — SVPENΛ — * Sainte Ursule debout dans un vaisseau, entre son père, le roi Deonot de Cornwallis, et le pape Cyriak et entouré de ses compagnes. v. Merle p. 502, 4. Madai 2188. Cat. Schulth. 6848. Arg. gr. 57. Beau et **fort rare**.
Voir la reproduction.

387 1½ **Ursulathaler** pareil. Manque à Merle e.a. Arg. gr. 44,5. Très beau. **Extrêmement rare**.

388 1570. *Florin d'or* au titre de l'empereur **Maximilien II**. o MON o — o AVR o — o REN o — o 1570 o. L'écu de la ville, entouré des petits écussons de Mayence, Trèves, Cologne et Bavière, dans un quadrilobe. Rev. o MAXI o II o ROM o — o IMP o SEM o AVG o Double aigle impériale. Merle p. 484, 16 var. **Or**. Beau.

389 1570. *Demi Thaler*. × MO × NO × A — o — RG o — o CI — V o — COLON o Armoiries de la ville tenues par un lion et un griffon; en haut dans le champ, la date 15—70. Rev. × MAXIMILI × II × IMP × — × AVG × P × F × DECRETO × Double aigle impériale Merle p. 510, 23 var. Arg. Beau. Extr. rare
Voir la reproduction.

390 (Vers 1500). *Heller* uniface **frappé en or**. Trois couronnes au dessus de l'écusson écartelé. Merle, page 540. n. 26. **Or**. Beau. Raie.
Voir la reproduction.

391 *Raderalbus* à la demi figure du Christ. Rev. Ecusson dans un trilobe, entouré de 3 petits écussons. Cappe pl. V, 76. 1512. *Gros rhénan* Ecusson; dessus, 1512. Rev. 4 écussons en croix. Cappe 1281 et s.d. *Heller* uniface à l'écu de la ville. Arg. 3 ps. t.b.c.—b.c.

392 1583. *Florin d'or* de convention, au titre de l'empereur **Rudolphe II**. o MON o — o AVR o — o REN o — o 1583. Ecu de la ville entouré des petits écussons de Mayence, Cologne, Trèves et Bavière. Rev. RVDOLP. II. ROM. IMP. SEM. AVGV. Double aigle impériale; v. Merle 21. **Or**. Très beau.
Voir la reproduction.

393 1588. *Florin d'or* pareil . MON . — . AVR . — . REN . — . 1588. Rev. avec AVG. Manque à v. Merle. **Or.** Très beau et rare.

394 1611. *Florin d'or* pareil. Rev. avec IMPR (PR liés) SEMP. AVGVS Merle n. 29. **Or**. Beau.

395 1627. 4 *Albus* au titre de l'empereur Ferd. II. Ecusson de la ville. IMPERIAL. CIVI. COLON. 627. (4 ALB). Rev. Double aigle et RO. IM. SEM. AVG. Var. de Merle p. 550, 69. Arg. t.b.c, Date rare.

396 1628. 4 *Albus*, la date au dessus de l'écu de la ville. Merle 70. Deux variétés. Arg. Beau et t.b.c.

397 1629, 1630 et 1631. 4 *Albus* pareil. Merle 71, 73, 74. Arg. 3 ps. belles.

398 — *Mêmes pièces* t b.c.

399 1634. 4 *Albus* pareil. Merle 78. *Cinq variétés* intéressantes. Arg. Belles et t.b.c.

400 1635. 4 *Albus* pareil. 2 variétés. Arg. t.b.c.

401 1636 et 1645. 4 *Albus* pareil. (1636 3 variétés). Date rare. Manque à
Merle et Merle 95. Arg. Belle et t.b.c. 4 ps.

402 1635. *Ducat* à l'empereur Ferdinand II debout FERDINANDVS — II
— D.G.RO: IM.S.A. L'empereur couronné, debout, tenant globe et
sceptre. Rev. CASPAR — MELCHI — BALTHAS L'écu de la ville;
en haut, 1635; les écussons des Rois Mages partagent la légende
Manque à v. Merle, Köhler, Soothe. **Or.** Beau—t.b.c. **Date rare.**

403 1674. ¹⁄₃ *Thaler* au buste de l'empereur Léopold. Rev. ✳ MON. ARGEN —
CIVI. COL. 1674. Valeur et écu de la ville. Merle 115b. var. Arg. Beau.

404 1693. ²⁄₃ *Taler*. :INVITA TRAHOR DUM CURO MEDERI. Ecu de
la ville: en haut, 1693; en bas LEIPZ(3)FVES et accosté de P — N.
Rev. Double aigle impériale et AVGVS. Var. de Merle 61. Arg. Beau.
Date rare.

405 1695. *Gulden* (⅓ Thaler). Armoiries de la ville. Rev. Double aigle.
Merle 63. Y ajouté 1641. 8 *Albus*. Ecu de la ville. Rev. Valeur.
Arg. b.c. 2 ps.

406 1699. *Thaler* MON. NOVA ARG. CIVITATIS COLONIENSIS. Ecu
heaumé de la ville tenu par un lion et un griffon; en exergue
BVRG. ⅓ FVES. Rev. Double aigle impériale et au titre de **Léopold I**;
dans le champ, la date 16—99. v. Merle 63. Madai 2192. Arg. t.b.c. Rare.

407 1583. *Albus* à l'heaume. Merle 41; 1676 2 *Albus*. Manque à Merle
1625, 1703 et 1712. *VIII Heller*. Arg. et Billon. 5 ps. t.b.c.

408 1717. 2 *Albus* au titre de l'empereur **Charles VI.** Arg. Beau.

409 1750. *Ducat* au buste, à dr., de l'empereur **François I.** FRANC.D:
G.R.I.S.A — GER.IERU.REX sous le buste S. Rev. DUCAT.
CIVIT. COLON. 1750. Ecu heaumé de la ville, tenu par un griffon et
un lion, entre G — H. Merle 62. **Or.** Superbe.
Voir la reproduction.

- - - - - - - -

410 (1654). **Joost van den Vondel** *célèbre poète né à Cologne, mort à
Amsterdam.* Médaillon uniface au buste en relief, à dr., agé de 67 ans.
IVSTVS. VONDELIVS. POETA. AETAT. SVAE — 67. v. Loon III. éd.
holl. 288. éd. fr. 264. no. 1. Arg, mm. 53. gr. 39. Belle et fort rare.
Beau portrait de Vondel.
Voir la reproduction.

411 1679. **Mort de Vondel.** Son buste de face dans une couronne. Rev.
Cygne. v. Loon II. éd. holl. 283. éd. fr. 264. no. 2. Belle méd. repoussée.
Arg. 65 mm. gr. 77. Poinçon ancien sur la tranche. Belle.

412 1867. **Statue de Vondel**, inaugurée à *Amsterdam.* Son buste lauré, à
dr.; par *v. d. Kellen.* JOOST VAN DEN VONDEL GEB TE KEULEN
17 NOV. 1587. OVERL. TE AMSTERDAM 5 FEB. 1679. Rev. la statue.
Br. 59 mm. Belle.

413 1717. Inauguration de l'empereur **Charles VI,** à Cologne. L'empereur
à cheval à dr. Rev. Aigle volant au-dessus de la ville. Reimm. 6437.
Arg. mm. 46. gr. 36. t.b.c.

414 1742. **Couronnement de l'empereur Charles VII.** CAROLVS VII.
ROMANORVM IMPERATOR AVG. Sa tête laurée, à dr.; par *Wyon.*
Rev. FIDES AVGVSTA VBIORVM. Vue de Cologne du côté du Rhin;
sur l'avant-scène, le dieu Rhin. En exergue. COLONIÆ AGRIPPINENSIS
— HOMAGIO SANCITA MDCCXLII. v. Merle 531.34. Arg 46. mm.
gr. 36.2. Superbe et fort rare.
Voir la reproduction.

415 1844 **Chemin de fer de Cologne à Anvers.** Anniversaire. L'Escaut
et le Rhin personifiés assis. Rev. Les armoiries de Cologne et d'Anvers
attachés à une ancre. Belle méd. par *Hart.* Moyaux 71. Br. 72 mm.
Belle.

416 1840. Carnaval. Méd. par *Wurden.* Br. 35 mm. t.b.c.

417 1880. Le Dôme achevé. Vue du Dôme. Rev. Les Rois Mages. Par
Drentwett. Etain mm. 50. Belle.

---

418 **Constance.** Vers 1180—1200. *Bractéate.* Buste de l'évêque tenant
crosse et livre, sous un arcade perlé, le bord perlé. Cpz. Archiv.
pl. 28.23. Arg. Beau.

Corbie (Corvey) (Abbaye).

419 **Caspar de Hörsell** 1547—1555. *Schüsselpfennig* de 1549. C; au-dessus,
une mitre, entre la date 4—9. Arg. Beau. Rare.

420 **Christophe v. Bellinghausen** 1678—96. *Gulden* (2 3 Thaler) de 1682.
Monogramme couronné. Rev. CANDORE ET AMORE . 1682. Dans le
champ $\frac{\cdot\,2\,\cdot}{\cdot\,3\,\cdot}$ Arg. Droit. b.c. Rev. t.b.c. Rare.

421 1683. *Gulden* au buste à dr. CHRISTOP . EL . E . CONF . AB . COR . S .
R . I . PR. Rev. Armoiries écartelées et couronnées. Manque à Weing.
Arg. Beau et fort rare.

---

422 **Cortenbosch.** Méd. de pélerinage au buste de St. Norbert . S . —
. NORBERT . Rev. CORTEN . — BOS . O . F. La Madone avec l'enfant
Jésus; derrière, arbre. Arg. Quadrilobé; portative. XVIIme siècle.

Crefeld.

423 1758. **Victoire des Prussiens, sous le maréchal Ferdinand
Albrecht de Brunswick près de Crevelt** VINDEX. Le maréchal
à cheval; devant lui, une femme agenouillée. En exergue PROPE CREVELT.
Rev. Légende en 10 lignes. Fried u Seg. 4398. Knyph. 8073. Henck.
5044. Arg. m m. 39. gr. 24½. Belle et rare.

424 s.d. Médaille de la société d'aviculture „Verein für Geflügelzucht in
Crefeld". Br. mm. 39. Belle.

Culemborg (Comté).

425 (1568). Médaille en l'honneur du seïgneur **Florent de Pallant,
comte de Culemborg.** Son buste à dr. avec collet ❀ FLORIS .
GRA . VA . CVLENBORCH ❀ VRIH ❀ VAN ❀ PALANT Z. Rev.
Ses armoiries heaumées; en haut, FAVENTE . DEO. v. Loon I éd. holl.
p. 115 éd. fr. 114. Arg. 44.35 m.m. gr. 30.2. Belle. Travail ancien mais
retouché à la main.

> Florent de Pallant était un des chefs des Gueux. Son château à Bruxelles
> fut demoli sur l'ordre du comte d'Alva.

426 **Florent de Pallant** 1590. *Oort* ou 4 penningen. FLORENTIVS. COMES.D:CVLEMBOR. Ses armoiries couronnées. Rev. Dans un cartouche carré. LIBER — TAS ∴ VI — TA : CA — RIOR; au dessus. P + IIII; au dessous, 1520. Verkade, pl. 32.5. de Voogt. 2. Ac. t.b.c.

Deventer, assiégée par l'Evêque de Münster 1672.

427 *Obsidionale carrée d'un Thaler.* Ecusson de la ville; au dessous, une incuse avec la date A°. 1672. v. Loon III éd. holl. 63 éd. fr. 58 n. 1. Mailliet pl. XXXVII. 12. Arg. m.m. 36. Belle et rare.

428 ½ *Ecu obsidional* au même type. v. Loon III 63—58. n. 3. Mailliet n. 17. Arg. t.b.c. Rare.

Deventer *assiégé par l'armée des Etats sous le comte de Rennenberg 1578.*

429 *Demi Ecu obsidional de* 22 *Sols.* VRGEN × NECE — SS × DAVE'.9. IVN.78. Aigle éployée; au dessous, petit écusson de la ville. v. Loon I éd. holl. page 260, éd. fr. page 256 n. 1. Mailliet pl. 36.6. Arg. Beau et très rare.

Voir la reproduction.

Dokkum (ville).

430 **Brunon III**. *Comte de Frise.* 1038—1057. Tête couronnée, à dr.; devant, sceptre incliné à gauche. + HENRICVS RE. Rev. BRVN — en bas DOOC en haut VGGA. v. d. Ch. pl. 1. no. 1. Dannenberg. pl. 22 no. 499. Arg. Beau.

431 *Denier* pareil; type v. d. Ch. pl. 1. 6. Arg. b.c.

432 *Denier* pareil; type v. d. Ch. pl. 1. 8, sceptre droit, variété avec BR.VN en bas DOCC en haut VGGA. Arg. t.b.c.

433 *Denier* pareil variété + HENRICVS ER. Rev. deux annelets dans le champ. Arg. Beau. Rare.

434 *Denier* pareil; type v. d. Ch. pl. 1. 10. Sceptre incliné à gauche + HENIICV ∝ EI. Rev. BRVH; en haut, DOOC; en bas, AOOV. Arg. Beau. — t.b.c. Fort rare.

435 *Denier* pareil ...CVS.RE. Rev. BR.VИ Variété inédite. Arg. t.b.c.—b.c. Rare.

436 *Denier* pareil + HERVCVS II. Rev. BRVH; en haut, lég. rétrograde, DOOC commençant à dr.; en bas, AOOV. Arg. Beau. Inédit. Rare.

437 **Egbert II.** 1068—1090. *Denier* + EGBERTVS. Tête couronnée de face. Rev. ✠ DOGGINGVN. Les bustes des apôtres Simon et Jude. v. d. Ch. pl. III. 4. Dannbg. pl. 22. n. 528. Arg. Très beau et rare.

---

438 **Dombes** (Principauté). **Anne Marie Louise** 1665. *Douzaine.* Buste à dr. Rev. DNS + ADIVTOR etc. Arg. b.c.

439 **Dordrecht. Jean de Bavière** *Comte de Hollande.* 1421—25. *Double gros au lion fr. à Dordrecht*; en exergue, DORD'. v. d. Chijs pl. XII. 12. Arg. b.c. Rare.

Dortmund (Ville).

440 1634. *Quart de Thaler* FERDI.II.DG.ROM.IMP.SEMP.AVGVS.
(des crochets). Buste couronné, de l'empereur, à dr., à demi-figure, cuirassé;
tenant sceptre et globe; dans lequel, le chiffre 4. Rev. MONE.NOV.
CIVI.IMP.TREMONIENSIS. 1634. Aigle. Arg. Beau et extrêmement rare.
Voir la reproduction.

441 15? *groschen* au buste de Ferd. I. — 1640 Schilling. Arg. 2 ps. b.c. —a.b.c.

Duisbourg.

442 XIme Siècle. **Chapitre de St. Servais à Maestricht.** *Denier* au
buste de St. Servais. Rev. (D)I — I œ. — (BV)—JH en quatre cercles perlés.
Dannenberg n. 257. Arg. b.c. Extr. rare.

443 **Conrad II** Empereur 1024—39. *Denier* ✠ CH...P. Buste couronné
B
V
de face. Rev. + DIVS Arg. Dannenberg 311. Arg. b.c.
R
G   B
V
443a *Denier* pareil; tête plus grande. Rev. DIV type Dannb. 313. Arg. b.c.
R

444 Imitation d'une monnaie de Duisburg (Nachmünze) DI — SĀ — RG —
BS. Rev. Croix, dans les cantons B — V — R — P. Dannenberg 1293.
Arg. t.b.c.

Dülken.

445 **Guillaume II de Juliers** 1361—1393. *Gros tournois* de *Dülken.*
✠ DVLKENSI CIVIS; lég. ext., (petit lion à g.) BHDICTV :
etc. Rev. TVROHVS . CIVIS. Grote 59g. Arg. t.b.c.
Voir la reproduction.

Düren.

446 **Guillaume I de Juliers** 1357—61. *Herzogsgroschen* (Double gros).
WILHELII DVX — IVLITŒSIS Le duc debout sur un
chapiteau, tenant sceptre et globe; dans le champ, à dr., petit écu au lion.
Rev. lég. intérieure ✠ IIONETA x DVRENSI' Croix. Var. de
Grote 26. Arg. Beau. Rare.
Voir la reproduction.

447 *Herzogsgroschen.* WILh∈LMS x DVX * — * IVLITC∈HSIS :
Le duc debout, tenant sceptre et globe; à ses pieds, écu au lion de
Juliers. Rev. Lég. intérieure. MON — ∈TA * — DVR ƎSIS
Croix coupant la légende. Var. de Grote, 27d. Arg. Beau et rare.
Voir la reproduction.

448 **Guillaume III de Juliers** 1393—1402. *Gros* à l'écusson au lion, dans
un trilobe WIL (lion) hŒL — + MVS DVX + — + IVLITCN
(les deux dernières lettres liées). Rev. Ecu à l'aigle, sur une croix
fleuronnée MONETA x NOVA x DVRENSIS (petite aigle).
Variété de Grote 69b. Arg. Beau.

449 *Demi-gros* au même type . WIL (lion) hŒ. — . MVS DVX. — .
IVLITŒ. Rev. (Aigle) MONETA x NOVADVREN Var. de
Grote n. 73d. Arg. Beau.

450 *Demi-gros* pareil . WIL (lion) ꝋ . — . ꟽVS DV✳ . — IVLIꞀ? . Rev. DVREꟽSI Grote 78*f*. Arg. Beau.

451 *Demi-gros* pareil . WIL (lion) ꝋ℈ . — ꟽVS DV✳ . — . IVLIꞀꝎ? . Grote 73*b*. Arg. t.b.c.

———

452 1878. *Kathol. Gesellen-Verein* 1853—1878. Métal blanc.

Düsseldorf.

453 1833. Fête de musique sous la direction de *Felix Mendelssohn Bartholdy*. Méd. par Loos. Br. mm. 42. Belle.

454 1869. Méd. portative, de la société des artistes („Künstler-Verein). Arg. mm. 20. Y ajouté, marque en cuivre, de l'Hotel Kaisergarten ; 1860. *Malkasten*, petite méd. portative et marque en cuivre, de l'Hotel de Niehl à Cologne.

455 1877. Visite de S. M. l'empereur **Guillaume I**, à Düsseldorf. Sa tête en médaillon sur l'aigle impériale. Rev. Légende. Arg. mm. 40. gr. 36. Belle.

456 — La même médaille. Bronze doré. Belle.

457 s.d. Exposition. „Ertheilt auf der Ausstellung der Vereinigten Lokal-Abtheilungen des Niederrheines. Méd. par Loos. Br. mm. 42. Belle.

Duurstede (Wyk-bij-Duurstede) *Sous les Mérovingiens.*

458 *Tiers de sou d'or*, fr. à *Duurstede* par le monétaire *Madelinus*. Δ ○ R ∴ E ᵫTAT FIT. Buste diadémé, à droite. Rev. HAⱯEL¹N v ∞ M. Croix à pied; dessous, six points. v. d. Chijs: Frankische Vorsten. pl. VIII. 14. Belfort no. 1785. **Or.** Beau.

459 XVIIme siécle. s.d. Méd. de chasse de la famille **van Asch van Wyck**. ✶SOLI DEO GLORIA. Armoiries écartelées. Rev. Un cerf courant à g. Plomb. mm. 44. t.b.c.

Echt (Limbourg).

460 1885. Exposition d'agriculture. LANDBOUW CASINO TE ECHT. Lion couronné, tenant les armoiries d'Echt. par E. Alard. Zwierzina. 676*a*. Br. mm. 40. Belle.

Elberfeld.

461 1828. **Hôtel de ville**. Méd. au buste du roi **Frédéric Guillaume III**, à dr.; par Loos, en mémoire de la pose de la première pierre du nouvel hôtel de ville. Br. mm. 50. t.b.c.

462 1857. **Charles Baron de Bruck** homme d'État autrichien né à Elberfeld, négociant à Bonn. Son buste à g.; par Radnitzky. Rev. Ses armoiries. Br. 66 mm. Belle.

463 1900. **Carnaval**. Méd. portative, *Carnevalsgesellschaft Concordia*. Prince Carnaval sur un pégase. Métal blanc mm. 33. F.d.c.

Elbourg (Gueldre).

464 s.d. *Dute*. Armoiries de la ville. Rev. MONE — ECCLE — ELBV.. Var. Verkade pl. 38.5. Dans la porte du château, un lion au lieu d'un canon. Ae. t.b.c.

465 *Demi-Dute.* Armoiries de la ville, château; dans la porte se trouve un lion. Rev. MONETA — ECCLESIÆ — ELBORGN; au-dessus et au-dessous, l'indication de la valeur .I.6. — .I:S (¹⁄₁₀ Sou). Ae. t.b.c. Fort rare.

Elslo (Seigneurie en Limbourg).

Jean de Bunde et de Bocholt (vers 1444).

466 *Billon noir* IOhS'.D:BVNO:DNS:D:B.. — Armoiries écartelées. Rev. ✠ MONET..NOV'DE hELS. Croix. Type v. d. Chijs pl. VI. 43. t.b.c.

467 *Billon noir*, même type ✠ IOhS.D.BVNO:DNS:D.BO Rev. ✠ — ONETA.NOV'.DE:hELS' Beau. Rare.

Conrad II de Schoonvorst mort en 1457.

468 *Billon noir* ✠ KON...DE ⁑ SA...VOERS'. Armoiries écartelées, avec petit écu de *Schoonvorst* en surtout. Rev. ✠ MONE' ∗ NO(VA)' DE' × ELS'. Croix, au centre E Cpz. v. d. Chijs pl. VIII. 5. b.c. Rare.

469 *Billon noir* pareil ✠ KONS' ∘ DE ∘ SAO — VOERST. Rev. ✠ MON'.NOVA ⁞ DE ⁞ hELS' ∘ v. d. Ch. pl. VIII. t.b.c. les légendes très bien lisibles.

470 *Billon noir*, fraction du précédent; même type. Cpz. v. d. Ch. pl. VIII. 9. b.c.—a.b.c. Rare.

Adrien *Sire de Gaveren* vers 1480.

471 *Billon noir* (Corte) ✠ ADRIANVS ⁂ DE ⁂ (G)AVEREN ⁂ Ecusson au lion de Gaveren. Rev. ✠ MONETA ⁂ NOVA ⁂ FAATA ⁂ ELS Croix; au centre, A v. d. Chijs pl. VIII. 17. t.b.c. Rare.

472 *Billon noir* (Corte) ✠ AD...DE — AVEREN ⁂ D. Ecu au lion de Gaveren; en surtout, petit écu de *Schoonvorst*. Rev. ✠ ADRI-ANVS ⁂ DE × GA V... E ⁂ D Croix; au centre, A. Cpz. v. d. Ch. pl. VIII. 18. *Inédit.* t.b.c.

473 *Billon* pareil ✠ ADRIANVS ⁂ DE ⁂ GAVEREN ⁂ D —. Rev. ✠ MONETA ⁂ NOVA ⁂ ... ⁂ ELSL —. Variété de v. d. Chijs pl. VIII. 18. Cuivre jaune t.b.c. Rare.

Eltern, près d'Emmerich.

474 1672. L'armée française traverse le Rhin, près d'Emmerich et occupe le Betuwe. Buste de Louis XIV, par Mauger. Rev. TRANATUS — RHENUS — HOSTE RIPAM ADVERSAM OBTINENTE. v. Loon III éd. holl. p. 58. éd. fr. p. 53. n. 1. Br. 41. m.m. Belle.

> Un regiment frison sous Aylva défendait la traversée contre le prince de Condé.

Emden.

475 **Herman** mort en 1086. *Denier* ✠ NEDEMON Buste à dr. Rev. Croix à double bande cantonnée de $\begin{matrix} TA & HN \\ IH & ON \end{matrix}$ Comparez Dannenberg 773. t.b.c.

476 *Denier* pareil. 4 ps. var. t.b.c. et b.c.

Emmerich.

477 **Jean I duc de Clèves** 1448—80. *Florin d'or*, fr. à *Emmerich.*
✴ IOhS' DV✴ ✴ ᴄ — LIVᴄ ✴ Z . ᴄO' ᴍR St. Jean debout;
devant lui, l'écu de Clèves. Rev. ᴍONᴄ' — NOVᴀ — ᴀVRᴄ' —
ᴄᴍRI'. Ecusson parti Clèves-Marck, sur une croix coupant la
légende. **Or.** t.b.c. Rare

478 s.d. *Stüber.* NVMMVS CLIVENSIS. Armoiries couronnées. Rev. CVS
— VS . E — MBR — ICA. Croix t.b.c. 1566 et 69. *X Heller* ou $^1/_{192}$ *Thaler.*
Dans le champ au droit 6 × 6 et au rev. XCII. b.c. s.d. *Stüber,*
les armoiries accostées de I — S. 3 ps. var. a.b.c. Billon. 6. ps.
Lot intéressant.

Erfurt.

479 **Henri I de Harburg,** archevêque de Mayence 1142—1153. *Bractéate*
⊛ HEINRICH . ⊛ ᴇR . . . SFORDI. Buste de face de St. Martin
entre deux tours, tenant crosse et croix, au-dessus d'un arcade;
dessous, buste de l'archevêque les mains levées, entre une tour et une
étoile. Cappe V. 82. Posern pl. 9.5. Arg. m.m. 41. Beau. Rare.

480 — *Bractéate* pareil, variété, ébréché en deux parties, mais de belle
conservation m.m. 45.

481 — *Bractéate* ERPES — FORDI. Le Saint tenant crosse et livre; dessous,
buste de l'archevêque et légende HENR. C 323. Arg. mm. 36. Beau
et rare.

482 **Siegfried II** 1230. *Bractéate.* Comparez v. Posern. pl. VI. 11—15.
Arg. a.b.c. Y ajouté, petit bractéate à la roue. Posern pl. VIII. 18.
Arg. b.c.

Erkelens.

483 **Guillaume de Gueldre et de Juliers** 1377—1393. *Gros.* ⊛ WILh' ⊛
DV✴ ⊛ — ⊛ IVL ✴ Z ⊛ GᴄL ⊛ Ecusson heaumé, de Juliers-
Gueldre. Rev. ⊕ MONᴄTᴀ ⊛ EIRᴄLᴄNDᴄHSIS ⊛ Croix
fleuronnée. Variété de v. d. Chijs pl. VIII. 8. Comparez cat. Isenbeck
n. 1209 (Mk. 115). Arg. t.b.c. Extr. rare.
Voir la reproduction.

484 **Edouard** duc de Gueldre 1361—71. *Double gros* (Botdraeger) fr. à
Arnhem v. d. Chijs pl. V. 2 et contremarque de ᴄ, vraisemblablement
pour la ville d'Erkelens. Arg. t.b.c. mais ébréché.

Essen.

485 **Anne Salomé.** *Comtesse de Salm-Reifferscheid.* 1656 et 1657 (2 ps.
VIII Heller. Armoiries de Salm. Rev. VIII et légende. Arg. 2 ps. et
billon 1 ps. t.b.c. et b.c.

486 1671. ¹/₁₂₀ *Thaler* (Fettmännchen) 4 ps. var. 1 ps. Arg. 3 ps. billon.

487 **Essen—Elten—Werden** 1808. Méd. de l'inauguration du roi **Friedrich
Wilhelm III.** Son buste en uniforme, à g.; signé ABR . — HULDIG .
MÜNZE 1808. Rev. La Justice assise. En exergue ESSEN ELTEN
WERDEN — MIT D . STAATE VER . — D 3 AUG . 1802. Arg. m.m. 30.
gr. 9.3. t.b.c. Rare.

488 **Eupen** (Prov. rhén.). *Aviculture.* „Verein für Geflügelzucht zu Eupen". Méd. par Weckwerth. Br. mm. 39. Belle.

489 — *Musique.* 1879. „Internationaler Gesang-Concurs". Br. portative. m.m. 35 Belle.

490 **Euskirchen.** *Musique.* 1883. „Zur Erinnerung an das Sängerfest." Armoiries de la ville. Etain. Méd. portative. m.m. 29. Belle.

Fauquemont (Valkenberg).

491 **Frédéric II comte de Meurs et Sarwerden** 1416-14 -? *Gros* FRED' ❀ CI' ❀ D' ❀ MOIRS ❀ .5 ❀ SVD' Buste de Saint Pierre. Rev. * MONET * — * A NOVA * — * VALK' B' Armoiries dans un trilobe. v. d. Chijs. pl. XX. 2. Arg. b.c.

492 *Gros* pareil variété avec SVDS' v. d. Ch. pl. XX. 1. Arg. a.b.c.

Fivelgo.

493 *Gros tournois* fr. à *Westereinden* ✠ MONETA FIVLGOE légende intérieure autour d'une croix pattée. Rev. ✠ TVRONVS CIVIS. v. d. Chijs pl. XVIII. Billon. t.b.c. Très rare.

Francfort s/M (Ville).

494 1620. *Florin d'or* au titre de **Ferdinand II.** .AVREVS : REIP. — FRANCOFVRT. St. Jean debout, tenant l'écusson de la ville. Rev. ❀ FERDINAND . II . ROM . IMP . SEMP . AVG 1620. Globe crucigère, dans un cartouche lobé. **Or.** b.c. Rare.

495 1848 *Double florin.* „Erzherzog Johann von Oesterreich Reichsverweser". Schwalbach 75. Arg. Beau.

496 1853. *Ducat* FRANKFURT — FREIE STADT. Aigle. Rev. I — DVCAT — 1853 dans une couronne; lég. ext. * 67 EINE MARK — A — 23²/₃ KARAT. **Or.** Beau.

497 1855. *Double florin.* „Zur Dritten Säcularfeier des Religions Friedens". Schw. 78. Arg. t.b.c.

498 1860 et 1862. *Thaler* au buste. Schw. 81. Arg. Belles. 2 ps.

Frise.

499 **Albert de Saxe.** *Gouverneur* 1498—1506. *Gros* frappé à *Sneek*, aux armoiries écartelées, remplissant tout le champ; en surtout, l'écu de **Saxe.** ✠ ALBERT * DVX * SAXON' GVB' * FRISI' Rev. ⸓ DEI ⸰ G — RACIA — REGES — REGNA Croix coupant la légende et chargée de l'écusson couronné d'Empire. v. d. Chijs, pl. VI. 3. Arg. t.b.c. Fort rare.

500 1500. *Gros* (type des Vliegers de Groningue). ✠ ALBTVS * DVX * SAXO' * ZD' * GVB'NA' * PHR. v. d. Chijs, pl. VI. 5. Arg. b.c. les légendes sont très bien lisibles. Rare.

Gerdingen (Seigneurie).

Jeanne de Merwede, *dame de Stein et de Gerdingen* 14...—1450.

501 *Mite*; type de v. d. Chijs, pl. XVI 3, aux armoiries remplissant tout le champ. Rev. Croix, ayant en coeur, Ꝓ. Variété. Billon.

502 *Billon* type v. d. Ch. pl. XVI. 4: armoiries écartelées (de Philippe le Bon). — ꝐꞀ : ꝒⱯꝐꞀ : ꝒⱤ : GᴇꝀꝒIꝐ Rev. Croix coupant la légende. Droit. b.c. Rev. a.b.c.

503 *Double mite* type v. d. Ch. pl. XVI. 5. IOꞰᴇꝐꝐⱯ : ꝒⱯꝐꞀ : ꝒⱤ : GⱵᴇꝀꝒIꝐGᴇ. Armoiries remplissant le champ. Rev. ✠ⱮOꝐᴇꞀⱯ : ꝐOVⱯ : SIVIꞀⱯꞀIS : VꞀꝒI. Billon. t.b.c. Rare.

504 *Petit billon* à la fleur de lis. ✠ IOꞰⱯꝐꝐⱯ : ꝒⱤ : GᴇꝐ. Rev. ✠ IOꞰⱯꝐ... ꝒⱤ Gᴇ. Croix dans un quadrilobe. Comparez. v. d. Ch. pl. XXXII. 1. Inédite. t.b.c. Rare.

505 *Mite* pareille. ✠ IOꞰⱯꝐꝐⱯ... Rev. ... VⱯ ... ᴇI. Type v. d. Ch. pl. XXXII. 3. Billon. b.c.

506 *Billon* frappé à *Nieuw-Stad* (Imitation d'une Double mite de Philippe le Bon) ... ꝐⱯ : ꝒVⱯ : ꝒⱤ . GᴇꝀꝒIꝐ. Armoiries écartelées remplissant tout le champ. Rev. ✠ ⱮO — Ꝑᴇ(Ꞁ) — ꝐOVⱯ — SI(VI) (tati). Croix coupant la légende, évidée en coeur, chargée d'une fleur de lis. Cpz. Revue Belge 1882 pl. XXII. 14 (n. 52 A et B). Revue Belge 1897 page 426—429 t.b.c.—b.c. Rare.

      Voir l'article de l'abbé Polyd. Daniels dans la Revue Belge 1897 page 426—429 Le „Civitat" de Jeanne de Merwede.

507 *Billon.* (Imitation d'une Double-mite de Philippe le Bon, Comte de Flandre. Deschamps de Pas pl. IX. 20) ✠ IOꞰⱯꝐꝐⱯ ꝒꝐⱯ : ꝒⱤ ... ꝒIꝐG. Armoiries écartelées remplissant tout le champ. Rev. ⱮOꝐ — ᴇꞀⱯ . Ꝑ — OVⱯ : F — LⱯꝐꝒⱤ (ꝒⱤ liés). Croix coupant la légende, évidée en coeur, chargée d'une fleur de lis. t.b.c. *Inédit.* Fort rare.

---

508 **Giesenkirchen-Schelsen-Liedberg**. 1872. Landwehr-Unterstützungs-Verein. **Werdau**. 1885. 50 Jähr. Jub. d. I. Jäger-Comp. — **Steele**. 1879. Kath. Gesellen-Verein. Métal blanc. 3 ps.

509 **Gorkum** (ville. XVIme siècle, *Date* à la Vierge dans la haie. Rev. GORC — ❀ IN ❀ — HOLL. Verkade. pl. 58. 3. Ae. b.c.—a.b.c.

Grave.

510 1602. *Thaler* (Schauthaler) des États d'Utrecht en mémoire de la **prise de Grave** par le prince **Maurice d'Orange** INDVSTRIA ·:· ET ·:· LABORE ·:· Une bêche, en pal, ornée d'une couronne de laurier; à dr., dans le champ, GRAEF, vue de la ville, à l'exergue CIꝹ IꝹ CII. Rev. ·:· ARS ·:· GRAVE ·:· TOLLIT ·:· ONVS ·:· — ORDIN — TRAIEC. v. Loon I éd. holl. p. 567 éd. fr. p. 551 n. 2. Arg. gr. 32, 4. Belle.

    Voir la reproduction.

511 1602. **Prise de Grave** par le prince **Maurice de Nassau-Orange**
sur l'amiral Mendoça. Vue de l'armée de Mendoça, près de **Tienen** et
de la ville de Grave, avec l'armée du prince Maurice. v. Loon I éd.
holl. p. 567 éd. fr. page 551. n. 1. Jeton. Ae. Beau.

512 1602. **Prise de Grave**. Méd. au buste du prince Maurice: par *Conr. Bloc.*
Rev. Arbre. v. Loon I éd. holl. p. 569 éd. fr. page 553 n. 1. Plomb.
m m. 40. b.c.

513 **Même sujet**. Buste du prince Maurice d'Orange, à dr. MAVRITIVS .
PR . AVR . CO . NASS . CAT . MARC . VER . ET . VLIS — C . V . B . F.
Rev. Arbre. v. Loon I 569—533. 3. Vermeil. portatif. m.m. 38. gr. 13.2. t.b.c.

514 **Même sujet et dévastation de Luxembourg**. Jeton; v. Loon I
éd. holl. 572 éd. fr. 561. Dugn. 3541. Ae. t.b.c.

515 **Forgerons** (St.-Eloy). Méreau pour de la bière. Dans un ovale, un
écusson avec un marteau couronné, entre deux étoiles et la date
1—7—5—8 ; au-dessus, S LOY. Aux côtés, les lettres II—B estampillées
Bronze. m.m. 23.5 Inédit.

516 — Méreau pareil, plus petit; sans lettres estampillées Bronze. m.m. 18 17.

Grevenbroich.

517 1845. Méd. des joueurs de boston. *Die Bostonspeler in Grevenbroich.*
Rev. Les noms des membres. Sur la tranche * * * DIEU PROTEGE
LA BELGIQUE. Br. m.m. 37. F.d.c. Rare.

518 1846. „*Mechanische Werkstätte zur Verfertigung von Münzmaschinen.*
Rev. * D. Uhlhorn in Grevenbroich bei Cöln am Rhein. Sur la tranche
* DIEU PROTEGE LA PATRIE. 1846. Br. m.m. 37. Belle.

519 1852. Gewerbe-Ausstellung für Rheinland—Westphalen—Düsseldorf.
Sur la tranche D. UHLHORN IN GREVENBROICH BEI DVSSEL-
DORF. Br. m.m. 36 tbc.

Groningue.

520 1454. *Olde Jager.* ✠ MONETA ◦ NOVA — GRONIENSIS .
Double aigle éployée, portant écusson incliné, coupant la légende.
Rev. Croix coupant la légende; au centre G. Var. de v. d. Chijs pl. X.
47. Arg. t.b.c.—b.c.

521 1468. *Double Jager.* Double aigle éployée, portant l'écu incliné, dans
une quadrilobe. Rev. Croix coupant une double légende et cantonnée
de 4 étoiles. v. d. Ch. pl. XI. 57. Arg. Beau.

522 1471. *Jager*; la croix portant une rosace en coeur. v. d. Ch. pl. XI. 62.
b.c. 1473. *Jager*; au centre de la croix G. Var. de v. d. Ch. pl. XI. 64.
(l'écu plus grand). Arg. t.b.c.

523 1486. *Sol ou Vier Vleemsche, à l'aigle au-dessus de deux écussons inclinés.*
Rev. Croix coupant une double légende. v. d. Ch. pl. XII. 75. Arg.
t.b.c. et b.c. 2 variétés.

524 1486. *Sol, à l'aigle au-dessus de l'écu de Groningue.* Rev. Croix non coupant
la légende; v. d. Ch. pl. XIII. 77. Arg. t.b.c.—b.c.

525 1499. *Dubbel Jager.* Aigle portant l'écu incliné dans un entourage de
4 lobes. Rev. Croix coupant une double légende, cantonnée de 4 étoiles.
v. d. Ch. pl. XIV. 98. Arg. t.b.c.

526 1499. *Jager.* Double aigle tenant un écu incliné. Rev. Croix avec une
étoile en coeur; v. d. Ch. pl. XIV. 100. Arg. 2 ps. variées. t.b.c.

527 1577. **Occupation par les troupes des Etats.** *Obsidionale carrée, d'un Daelder* + NECESSITATE * 4 * FEB * 1577. Armoiries de Groningue; en haut G. v. Loon I éd. holl. p. 230. éd. fr. p. 226 n. 1 Maillict pl. XLIV. 1. Belle et rare.

528 *Obsidionale pareille*; variété de gravure, les caractères et la date plus grands. Arg. t.b.c. Rare.

Gronsvelt (Comté).

529 **Thierry de Bronckhorst** 1444—1451. *Oordt*, imitation d'une monnaie de **Juan II d'Espagne** du XVme siècle. ✠ TEODR : D BR DNS'. B': A'. G'. R' (Theodericus de Bronkhorst Dominus de Batenburg, Anholt. Gronsveld, Ravensberg). Lion Rev. ✠ MONE . NOVA : GRVISVELT. Château. Variété de v. d. Chijs pl. VIII 1 et de pl. XXX. 1. Ae. b.c. Rare.

530 *Courte* v. d. Ch. pl. VIII. 2. Ae. a.b.c. Y ajouté, *date* de Jean François de Bronckhorst, imitation de celles de la Frise. Ae. a.b.c.

531 **Henri de Bronckhorst** 1641—96. *Pièce de 4 Mites.* Ecusson au lion. Rev. Croix pattée, évidée au centre et ayant en coeur G. v. d. Ch. pl. IX. Ae. b.c. 2 var.

532 **Jean I de Bronckhorst** 1506—1518. *Heller* (Schüsselpfennig) aux armoiries écartelées de Batenbourg-Gronsveld, dans un grénetis. Revue Belge 1888 pl. XIX. 3. Billon. t.b.c. Rare.

533 s.d. *Quart de Thaler* à la Madone. SANCTA ❀ MAR — IA ❀ VIRGO. La Madone avec l'enfant Jésus, sur un croissant, entourée de flammes. Rev. MONETA ❀ NOVA ❀ ARGENT(EA) ❀ DO ❀ I ❀ G ❀ Lion rampant, à g. Revue Belge 1877 pl. 1 n. 5. Ar. b.c. petit morceau ébréché du bord. Rare.

534 **Jean II de Bronckhorst** 1588—1617. *Liard* ❀ IOES . D . BRONC-HORST . COMES Armoiries écartelées, de *Bronckhorst-Batenbourg*, en surtout *Gronsveld*. Rev. . IN . GRONSFELT . LIB . BARO . IN . BAT. Trois écussons, sous une couronne; entre les écussons, petite aigle. v. d. Chijs pl. XI. 5. Ae. Beau—t.b.c.

535 *Liard* aux armoiries écartelées IOES . COMES . D . BRONCHORST . ET. Rev. IN . GRONSVELT . BARO . D . BATO . E. Les trois écussons placés dans un autre sens. Type v. d. Ch. pl. X. 2. Droit de Revue Belge 1874 pl. XII. 5. Revers du n. 6. Ae. b.c.

536 *Demi-Liard* au buste **à dr.** ❀ .IOES . COMES . D . BRONC. Rev. IN .... F . BAR . D . B . ETR. Armoiries écartelées et variété, droit avec BRON . ET. Rev. IN GRON BA . R . D . B . ET. Ae. b.c.

537 *Demi-Liard* pareil au buste à **gauche**. Rev. Armoiries écartelées. Ae. b.c.

538 s.d. *Dute.* Ecu au lion. Rev. CO — METAT — GRON. v. d. Ch. pl. XI. 4. Ae. b.c.

539 s.d. Dute avec IN — GRON — . CVS . Ae. b.c.

540 **Juste Maximilien de Bronckhorst** 1617—1662. s.d. *Liard* au buste couronné, *imitation de ceux de Ferdinand, évêque de Liège*. Rev. Armoiries couronnées. Revue Belge 1884 pl. XIX n. 5. Ae. t.b.c. 3 variétés intéressantes.

541 s.d. *'Liard.* Armoiries couronnées, à quartiers de *Batenbourg, Bronckhorst, Gronsveld, Eberstein, Bylant* etc. Rev. Quatre écussons sous une
couronne. Revue Belge 1884 pl. XIX, 4 var. Ae. b.c. 2 variétés.

542 s.d. *Liard* (type liégois). Armoiries écartelées. Rev. dans le champ
B . E sous une couronne. Var. de Revue Belge 1874 pl. XIII. 9. Ae. b.c.
  G

543 s.d. *Dute.* Ecusson couronné, au lion de Gronsveld. Rev. T·RA·N —
MOESA — AGR. — . .; en haut, petit écu aux trois tourteaux de Gronsveld. *Inédit.* Ae t.b.c. Rare.

544 **Jean François de Bronckhorst** 1680 mort en 1719. *Dute, imitation
des dutes de Gueldre,* écusson couronné, à deux lions. Rev. FSRI —.
CABI — G. (Franciscus **Sacre** Romani Imperii **Comes A.** Bronchorst
In Gronsveld.) Revue Belge 1884. pl. XIII. no. 15. Ae. t.b.c.

545 *Dute, écusson au lion,* entouré de *branches fleuries* et autre à l'écusson
entouré de *palmes.* Ae. t.b.c. 2 ps. var.

546 1690. ¹.. *Thaler* aux titres de *Bronckhorst Gronsveld, Eberstein, Baten-
bourg, Rimbourg, Alpen* et *Honnepel.* * IOAN : FRANC : CO : A . BR :
IN : GRONSF : *et* EBERS Armoiries couronnées. Rev. * L : B : IN.
BATT . *et* RIMB : D : IN . ALB *et* HONNE 90 Dans le champ ⅃.
Revue Belge 1856. Arg. t.b.c. Extrêmement rare.
    Voir la reproduction.

547 Collection de *Liards* de **Jean II**; **Juste Maximilien** et *dutes* de **Jean
François de Bronckhorst.** Ae. 33 ps.

548 **Maximilien Emanuel de Törring-Ittenbach** 1768. Médaille au
buste cuirassé, à dr.; par *F. A. Schega* MAX . EMANUEL — S . R . I.
COM . DE . TERRING. Rev. Ses armoiries DOMINUS . IN GRONS-
FELD. Revue Belge 1851 pl. XVIII.I. Wolters pl. V. 3. Etain m.m. 45.
Superbe.

Gueldre (Comté et Duché).

549 **Otton I de Gueldre** 1182—1207. *Mainbour d'Utrecht. Denier* d'Utrecht,
au buste du comte, à dr.; glaive en pal devant le buste. Arg. b.c. Rare.

550 **Mechteld** (Mathilde) 1371—1382. *épouse de Jean de Blois, seigneur de
Chatillon. Botdrager* ᗰᘓᑕᕼᖶᘓᒪᗞᓮᔕ : ᗞᐺᕽ' : ᘐᘓᒪᖇᕼ' + ꒳ :
ᑕᓍᕼᖶ' × ᗞᘓ ꒳ᗯᖶᖴ' Lion heaumé, assis. Rev. Lég. intérieure,
✠ ᗰᓍᐺᘓᖶᑀ ＆ ᘐᘓᒪᗞᘓᖇᘓᑎᔕᓮᔕ Croix fleuronnée; v. d. Chijs
pl. V. n. 1. Farina n. 1718. (Mk. 80·) Arg. t.b.c. Extr. rare.
    Mechteld était fille du duc Rénaud II de son épouse en premières noces
    avec Sophie de Berkhout, dame de Mecheln. Elle était ainsi la belle sœur des
    ducs Edouard et Rénaud III et s'empara de la dignité ducale, en même temps
    que le fit la veuve de Rénaud, Marie de Brabant.

551 **Rénaud IV** 1402—1423. *Florin d'or, de Juliers* ᖇᘓᓮᑎᗞᐺᕽ —
ᓮᐺᒪᘐᘓᒪ ᑕᓍ꒳'. St. Jean debout. Rev. . ᗰᓍᑎᘓ . — . ᖶᕽ : ᗞᘓ . —
. ᓮᐺᒪᓮᕽ. Ecusson aux armoiries de Gueldre-Juliers, entouré de 3 petits
écussons; le tout dans un trilobe. Manque à v. d. Chijs. Grote 76e.
Or. t.b.c. Rare.

552 **Arnaud** 1423—1473. *Double Gros.* (Zilveren Schild) aux armoiries de Gueldre-Juliers, remplissant tout le champ. ✠ ARNOLD' : DVX : GELREN Z IVL Z COMES : 5. Rev. ✠ MONET·A : NOVA : - GELRE - NSIS : Croix coupant la légende; dans les cantons, les lettres A(rnhem), N(ymegen), R(oermond), S(utphen). v. d. Ch. pl. X. 13. Arg. t.b.c. Rare.

553 **Philippe le Beau** 1488—1492. 1492. *Briquet* frappé à *Malines,.* Lion assis, tenant écusson aux armoiries. Rev. Croix fleuronnée; en coeur, petit écu de Malines. Var. de v. d. Ch. pl. XIV. 4. avec GEL. Arg. Arg. t.b.c.—b.c.

554 **Cathérine de Bourbon,** comme tutrice de son fils mineur **Charles d'Egmond** 1480—1492. s.d. Monnaie de billon. v. d. Chijs pl. XIV. n. 8. b.c Extr. rare.

555 1480. *Gros* fr. à **Roermond** ✠ KAROL : DVX : GEL : IVL : Z CO : 3V. Ecusson parti, au lion de Gueldre et de Juliers; au-dessus, une étoile. Rev. ANNO ⚜ — DNI ⚜ M — CCCC ⚜ — LXXX ⚜ Croix coupant la légende; dans les cantons, quatre lions. v. d. Ch. pl. XIV. n. 3. Arg. Beau. Très rare.

Charles d'Egmond 1492—1538.

558 *Florin d'or au cavalier* (Rijdergulden). KAROLVS * DVX * GELR — IVL * C * 3V Le duc armé, à cheval, à dr.; à l'exergue, *GEL* Rev. ✠ MON * NOVA * AVREA * DVCIS * GELRE L'écusson de Gueldre sur une croix fleuronnée. Var. de v. d. Chijs. pl. XV. 9. et 10. **Or.** Beau.

559 *Florin d'or au cavalier,* pareil, avec × IVL' × C' × 3V' × Rev. ✠ MONE × et GELR **Or.** Très beau.

560 *Florin d'or au cavalier.* pareil. KAROLVS DVX · GERL — IVL' C' · 3V' Rev. ✠ MONE' * et GELR' **Or.** Très beau.

561 *Florin d'or au cavalier.* pareil avec C' * 3V Rev. ✠ MONE' * **Or.** Très beau.

562 *Florin d'or au cavalier,* pareil KAROLVS * DVX * GERL — IVL' * C * 3V à l'exergue * GEL * Rev. ✠ MON' * NOVA * AVREA * DVCIS * GELR' **Or.** Beau.

563 s.d. *Snaphaan* ou ¼ *Ecu.* Le duc armé, à cheval. à dr. KA — ROL' ❀ DVX ❀ GELR' ❀ IVL' — CO'. 3V' ❀ en exergue ❀ GEL ❀ v. d. Ch. pl. XVIII. 38. Arg. Beau.

564 *Snaphaen* pareil, variété. 3V' — . Arg t.b.c.

565 *Snaphaen* pareil; autre variété, avec des annelets entre les mots de l'avers KA—ROL' ○ etc. Arg. t.b.c.

566 s.d. *Sol,* au lion, tenant l'écusson de Gueldre-Juliers, la tête tournée à droite, le tout dans un entourage de 10 demi-cercles ≡ KAROLVS ○ DVX ○ GELR' ○ IVL' ○ Z ○ CO' ○ 3V' v. d. Chijs, pl. XVII. 27. var. Arg. t.b.c. petit trou.

567 s.d. *Sol* aux deux heaumes. v. d. Ch. pl. XXX. 9. Arg. b.c.

568 **Philippe I** (II) 1555—1581. 1564. *Demi Écu Philippe.* Buste à g.; v. d. Chijs pl. XXVI. 16. Arg. b.c.

569 1566 et 1567. ⅓ *Écu Philippe* au buste à dr.; v. d. Ch. pl. XXVII. 26. Arg. t.b.c.—b.c. 2 ps.

570 (1598). Avènement de l'archiduc **Albert d'Autriche** au Gouvernement des Pays-Bas et en mémoire de son mariage avec **Isabelle Claire Eugénie. Infante d'Espagne** ALBERTVS D G ARCHIDV AVST D BVRG BRA GEL DNS LRI (pour FRI) Son buste cuirassé, à g. Rev. ASSIDVITATE Jason captivant la Toison d'or; de Vries & de Jonge I pl. VI. 5. Arg. mm. 50. gr. 22.

Belle médaille travaillée à la main.

571 — La même médaille, bronze coulée m.m. 50.

572 1607. **Espoir de paix.** Jeton de la chambre des comptes de la **Gueldre,** aux armoiries des archiducs Albert et Isabelle, entourées des écussons de la Gueldre, de la Hollande, de la Frise et de la Zéelande. v. Loon II page 26; Dugn. 3619; de Voogt. Rekenkamer n. 20. Ae. Beau.

Gueldre (Geldern).

573 **Frédéric Guillaume I** 1718 *Thaler* FRID. WILH. D. G. REX. BOR. EL. BR. DVX. GELDRIAE. Buste cuirassé, à dr. Rev. Armoiries couronnées, accostées de la date 17—18 et de H. F—H. v. Arn. 393a. Sch. 1793. H. 4984 Arg. Beau et fort rare.

Voir la reproduction.

574 1719. ⅙ *Thaler.* Armoiries couronnées, de Prusse-Gueldre. Rev. ₁⁄₆ MON : DVCAT : GELD : Henckel 4938. Arg. t.b.c.

575 1703. **Prise de Geldern** par **Frédéric I, roi de Prusse.** Méd. par *J. Boskam.* Buste cuirassé, à dr. Rev. La ville agenouillée devant le roi assis. v. Loon IV éd. holl. 348—400 fr. éd. Ampach 11698. Droit et revers en étain coulé. Beaux.

576 1786. Inauguration du roi **Frédéric Guillaume II en Gueldre.** Son buste cuirassé, à g.; par *Loos.* Rev. NOVA SPES REGNI dans une couronne; en exergue FIDES DVC : GELDR : PRAEST : GELDR : MENS : NOVEMB : MDCCLXXXVI. Dirks Repert. 2049. Arg. m.m. 42. gr. 28,5. Belle.

577 — La même médaille en fer, coulée.

Haguenau (Ville).

578 s.d. *II Kreuzer* au titre de Ferd. II. 1666. *Albus,* titre de Léopold I. Arg. t.b.c. et b.c. 2 ps.

579 1744. Le duc **Charles Henri de Lorraine, traverse le Rhin entre Haguenau et Weissenbourg.** Son buste cuirassé, à dr.; par *M. Holtzhey.* Rev. Bellone foudroyant; dessous, le Rhin couché. En exergue TRAIICIT IRATO SPVMANTEM VORTICE RHENVM. etc. Mont. 1744. v. Loon. suite n. 187. Arg. m.m. 49. gr. 41.4. Superbe.

Hameland (Comté).

580 **Adela** *fille du comte Wichman* 967—1016. *Denier* OIEĀVE .... LO. Une main entre A— ω. Rev. ✣ ĀMTĀ C .. METSSA. Croix cantonnée de 4 globules. Comparez Dannenberg pl. 55. n. 1237. Arg. Beau. Fort rare.

Voir la reproduction.

581 *Denier* pareil VEHIOTT. Une main (plus petite que sur l'exempl. précédent) entre l'alpha et l'oméga. Rev. ONETISSI. Arg. t.b.c. Rare.

Hameln (Ville).

582 1668. *VI Mariengrosschen.* Armoiries de la ville. Rev. Valeur. Arg. b.c.

Hamm (Ville).

583 *XII Pfennige.* s.d. Ae. b.c. et de 1620. Beau. *III Pfennige* de 1696, 1717, 29 (3 var.) 1734. (2 var.) 1736 et 37. t.b.c. Ae. 11 ps.

Hanau-Lichtenberg.

584 **Philippe V.** *Seigneur d'Ochsenstein* 1570—99. *Schüsselpfennig* avec et sans P au-dessous de l'écu. Arg. 3 var. b.c.

585 **Frédéric Casimir** 1641—85. s.d. *Gulden.* & FRID : CAS : COM : HAN : RH : BIP : DN : MVNTZENB Buste cuirassé, à dr. Rev. LICH : OCHS : MAR : (60) E : TADV : ARGEN Armoiries couronnées, en bas GK—P. Arg. Beau. t.b.c. Rare.

586 1675. *Gulden.* Buste cuirassé, à dr. Rev. Armoiries couronnées, accostées de 16—75, en bas S—M (Seb. Müller). Arg. t.b.c.

587 1657, 69. ✠ *Batzen.* Armoiries. Rev. Globe impérial, avec Z. **Hanau-Münzenberg, Philippe Louis II** 1580—1620. s.d. 3 *Kreuzer.* Armoiries. Rev. Double aigle; en coeur, 3. Arg. 3 ps. b.c.

Hanau-Münzenberg.

588 **Catharina Belgica** *princesse d'Orange, fille du Guillaume le Taciturne; tutrice de son fils mineur.* 1612—30. *Thaler* de 1623. ✳ MON : NOV : CATH : BEL . PR : VRAN : TVTRICIS : HAN . MVNTz. Armoiries couronnées. Rev. : FERDINAND : II : D : G : ROM : IMP : SEMP : AVGVST : 1623. Double aigle couronnée. Suchier 76 var, Cat. Schulth 5098 var. Arg. Beau.

Hanovre (Ville).

589 1669. *XII Mariengroschen.* Armoiries de la ville. Rev. Valeur. Knigge 5114. Arg. Beau.

590 1669. *IIII Mariengroschen,* même type. Arg. t.b.c. 2 variétés.

591 1872. *Thaler* du tir „*Viertes Deutsches Bundes Schiessen*". Schw. 115. Arg. Beau. fr. sur flan bruni.

Heinsberg (Seigneurie).

592 **Jean de Heinsberg.** *Billon.* . . . AN . . . EhEI. Dans le champ IhN hEI Rev. . . . ONE . . . hEIN . . . Croix. Inconnu à v. d. Chijs. b.c. Très rare.

593 **Godefroid II.** 1304—1332. *Denier* à tête (Köpfchen). ✠ GOD DIIS DE hEINSB. Tête à gauche. Rev. SIG — NVH — CRV — CIS ᵒ Croix coupant la légende. Inconnu à v. d. Chijs. Arg. Beau. Très rare.
Voir la reproduction.

594 1892. „*Z. Erinn. a. d. Gesang- u. Musikfest. z. Heinsberg*". Métal blanc.

Herkenrode (Abbaie près de Hasselt).

595 Petite médaille de pélerinage MONT — AIGV. La Madone. Rev.
A. HERK — ENRODE. Ostensoir. Arg. t.b.c. Fin du XVIIme siècle.

Herstal (Seigneurie en Brabant).

596 **Henri I** 1253—1283. *Esterlin au lion* . ᕼ — . ᕮᑎᖇI . — ᗪᑎS. Rev.
. ᗪᕮ — ᕼᗩᖇ — SSᑎ — ᗩᒪ. Croix à double bande cantonnée
de G — ᕼ — I — S Comparez v. d. Chijs. pl. I. n. 3. Arg. t.b.c.—b.c.

597 *Esterlin au lion* pareil. : ᕼ . — ᕮᑎᖇ — Rev. …SSᑎ — ᗩᒪ .
Croix cantonnée de G — ᕼ — I — S Arg. t.b.c.

598 *Esterlin au lion*. . ᕼ — ᕮᑎᖇI … ᑎ — S. Rev. ᗪᕮ — ᕼᗩᖇ —
… — ᗩᒪ. Croix cantonnée de ᑭ — ᕮ — ᑎ — ᖇ Var. de v. d.
Ch. pl. 1.4. Arg. t.b.c.—b.c. Rare.

599 *Esterlin au lion* . S . ᕼ — ᕮᑎᖇI — VS : Rev. × ᗪᕮ — ᕼᗩᖇ —
SSᑎ — ᗩᒪ + Croix cantonnée de ᑭ — ᕮ — ᑎ — ᖇ Arg.
Beau. — t.b.c.

600 *Denier* (½ Esterlin) . × . — ᕼᕮᙏ — × ᖇI × Ecu au lion. Rev.
Croix cantonnée de ᕼ — ᗩ — ᖇ — S v. d. Chijs. pl. 1. no. 5.
Arg. Beau. Fort rare.
Voir la reproduction.

601 **Jean Tristan de Louvain** 1285—1309. *Gros.* ⳨ IOᕼᕮS . ᗪᕮ
ᒪOV ᗩᑎIO. v. d. Chijs. pl. I. 10. Arg. b.c. Le bord ébréché. Rare.

602 *Esterlin à tête.* ⳨ o IOᕼ … o ᗪᕮ o … IO o Tête de face. Rev.
ᗪᑎS — ᗪᕮᕼ … Croix cantonnée de 4 fois trois globules. Comp.
v. d. Ch. pl. 1. no. 8. Arg. b.c.

603 *Esterlin à tête couronnée.* ✠ MOᑎᕮᑎᗩ ᕼᗩᖇSᑎᗩᒪIᕮᑎ Tête
couronnée, de face. Rev. IOᕼ' — ᗪᕮᒪ — ÖVᗩ — ᑎIO. Var. de
v. d. Chijs. pl. 1. 12. Arg. Beau.

---

604 **Hervord** (Ville) 1670. *XII Pfennige.* Ae. t.b.c. Y ajouté XII Pfennige
s.d. a.b.c.

Hesse-Cassel.

605 **Frédéric II** (1760—85) ¹/₄ *Thaler* 1767 (3 var.) 68 et 72. Armoiries
couronnées. Rev. Valeur. Arg. 5 ps. t.b.c.

606 ¹/₆ *Thaler* 1767. Lion debout. Rev. Valeur; ¹/₆ *Thaler* 1767 Armoiries
et valeur. 2 var. t.b.c. 1777. 2 *Albus* monogramme et valeur. F.d.c.
Arg. 4 ps.

607 **Guillaume IX** 1796. *Bieberer Ausbeute Conventions Thaler.* Tête à dr.;
au cou H (Holzheimer) Rev. Armoiries couronnées; en haut, BIBERER
SILBER. Arg. Droit. t.b.c. Rev. Armoiries un peu usées.

608 ¹/₆ *Thaler* 1794, 1801, 2. Ecu couronné. Rev. Valeur. ¹/₂₄ *Thaler* 1784,
99 et 1807., Lion deb. Rev. Valeur. **Guillaume II** 1828. ¹/₆ *Thaler* au
buste. Arg. 7 ps. t.b.c.

Hesse-Darmstadt.

609 **Louis V** 1596—1626. *Thaler* de 1623 ✿ . LVDOVICVS : D : G : LANDG : HASSLE : COM : I : CA : Buste cuirassé, à dr., avec collet. Rev. . INTE : DOMINE : CONFIDO : ANN° 16Z3. Armoiries à 3 heaumes. Hoffm. 6499. Arg. t.b.c.

610 **Ernst Louis** 1722. *Kreuzer*. **Louis VIII** 1759. *XII Kreuzer* armoiries et valeur. Très beau. 1744. 2 *Kreuzer* 2 var. 1748. 4 *Kreuzer*. Arg. 5 ps. t.b.c.

611 **Louis I** *Grand-Duc* 1826. *Zehn Gulden*. Tète à g. Rev. Armoiries. **Or.** frappé sur flan bruni. Superbe.

612 **Louis II** 1830—1848. 1841 *Double Thaler*. 1842 *Gulden*. Tète à g. Rev. Valeur. Schw. 116 et Schw. 148. Arg. 2 ps. Belles.

Heukelom (Seigneurie en Hollande).

613 **Jean d'Arkel** (XVme siècle). *Billon.* v. d. Chijs pl. XLII. 1 et 2. 2 ps.

Hildesheim (Evèché).

614 **Erneste II de Bavière** 1573—1612. 1608. *Doppelschilling* . ER . D — G . AR — CO . EL — HIL. Armoiries couronnées. Rev. Double aigle couronnée: ayant en coeur, globe avec 16. Knyph. 4515. Cappe 161. Arg. t.b.c.

615 **Ferdinand de Bavière** 1612—50. 1624. *Thaler.* : FERDI . D . G . AR . COL . EL . ADM . HIL . EPS . PAD . LEO . MON. Buste à dr., en camail. Rev. COM . PAL . RHE . DVX . BAV . ANG . WES . ET . BVLLI. 16-Z4. Armoiries couronnées, accostées de G—H Schulth. 4321. Arg. t.b.c. seulement petite ébrèchure au bord.

616 **Erneste de Bavière** 1601 et 1603. *Groschen*. Knyph. 9197 et 9198. **Fréd. Guillaume** 1764. ½ Taler. Arg. t.b.c. et b.c. 3 ps.

Hildesheim (Ville).

617 1730. *Thaler en mémoire de la Confession d'Augsbourg.* ✿ TENEBRÆ TRANSIERUNT ET VERUM etc. Deux mains jointes. Rev. ✿ HABEMUS FIRMISSIMUM etc. la Bible et la Confession d'Augsbourg liés par une chaîne. Madai 7182. Knyph. 5909. Arg. Beau.

618 *VI Mariengroschen* 1669. Knyph. 5591. *Groschen* 1601, 1693, 95, 96, 98. 1700, 2, 9, 13, 14, 19. *Mariengrosschen* 1687; *IIII Pfennige* 1717. (6 ps. F.d.c.), 1718, 23 1740, 50 (2 var). Arg. 24 ps. F.d.c. t.b.c. et b.c.

Hollande (Comté).

619 **Guillaume V de Bavière** 1346—1359. *Gros* à l'écusson de Bavière-Hollande, dans un trilobe ✠ GVILLELM : DVX : COM : HOLAND. : Z : SELA Rev. Lég. int. MON—ETA—HOL—AND. Croix coupant la légende. v. d. Ch. pl. VI. 23. Arg. Beau.

Hornes (Seigneurie en Limbourg).

620 **Thierry Loef de Hornes** 1365—1390. *Gros au lion,* frappé à **Wessem** (Imitation de la monnaie brabançonne) ✠ MONETA + LESMN. Bordure de 11 fleurons et les 3 cornets de Hornes. Rev. Lég. intér : DED — ERI — CD h — ORN Croix coupant la légende. Revue Belge 1860 pl. X. 15. v. d. Chijs pl. XXX. 4. Arg. t.b.c.—b.c. Fort rare. *Voir la reproduction.*

Hornes (Comté).
Philippe de Montmorency 1550—1568.

621 *Ecu au St. Martin*, frappé à *Weert* SANCTVS * MARTIN' — PATRO-
NVS * WIERTEN Le Saint à cheval, découpant un morceau de son
habit, pour le donner à un mendiant assis. Rev. PHS' * BAR · *
D * MONTM? * C? * AB — HORN * D...IERT. Armoiries heaumées de
Montmorency et de Hornes. Variété de v. d. Ch. pl. XI. 8. Arg. t.b.c.—b.c.

622 *Ecu pareil*, avec WIERTENS. Plomb. t.b.c.

623 *Ecu au St. Martin* pareil, avec MARTINV — PATRONVS * WIERTEN'
Rev. PHS' * BAR? * D * MONTM? * C? * AB — HORN * D? * D * WIERT
Var. de v. d. Ch. pl. XI. 9. Arg. t.b.c.—b.c.

624 *Demi Ecu* au même type; v. d. Ch. pl. XI. 10. Arg. t.b.c.—b.c. Rare.

625 *¼ Ecu* ou *Sprenger* Armoiries couronnées. Rev. MONET — A' * NOVA
— ARGENT — WIERTE Croix fleuronnée; v. d. Ch. pl. XII. 16. Arg.
b.c. 2 variétés.

626 *Sprenger* pareil, variété avec ARGEN — WIERTE Arg. t.b.c.

627 1564. **Philippe de Montmorency comte de Hornes et Walburghe
de Neuenar.** Jeton intéressant à leurs bustes de face, sous une
couronne. PHILIPPVS ❀ WALBVRCH — * 1564 * Rev. ❀ APLA ❀
— ❀ NOS ❀ Vaisseau portant les armoiries de Montmorency. Dugn.
2382. v. Loon I éd. holl. page 68 éd. fr. page 67. Ae. Très beau. Rare.

628 **Walbourg de Neuenar comtesse de Horn**, épouse de **Philippe
de Montmorency.** Médaille uniface au buste à g. Br. mm. 34 t.b.c.

629 1579. Protestations contre les négociations de paix à Cologne et
allusion à *la décapitation du comte d'Egmond* et de *Philippe de Montmorency*, comte de Hornes Rev. L'exécution des comtes. v. Loon I éd.
holl. 275 éd. fr. 270. n. 2. Dugn. 2778. Jeton en argent. Beau.

---

630 **Hoven-Bettrath** (près Münster-Gladbach) „*St. Georgs-Reiter-Verein.*
Méd. portative en métal blanc. mm. 36. Belle.

Huissen (près d'Arnhem, appartenant anciennement au duché de
Clèves).

631 *Sou.* . NVMMVS . OPIV . . . . S. Armoiries couronnées, accostées de 1—S.
Rev. MON — . ARG — CVS. HVS. Croix coupant la légende. Billon. t.b.c.

Les princes possédants dans la guerre de succession, après la mort
de Jean Guillaume, dernier duc de Juliers, Clèves et Berg 1609—1624.

632 *Dute* avec CVSA — HVIS : — SIS ❀ Comparez Verkade pl. 210.3.
Ae. b.c. Ajouté, une dute d'Arnhem. Ae. t.b.c.

633 *Dute* pareille, variété. * — CVSA — HVIS — SIÆ — * et autre variété.
Droit MO . POS — . PRINCI. Rev. CVSA — . HVIS — SIÆ — o. Ae. 2 ps.
t.b.c. et b c.

634 *Dute* pareille MO : POS — S — I . — PRINCI. Rev. . — CVSA — . HVIS
— SIÆ. Ae. Belle.

635 *Dute* pareille MO : POSS . — . PRIN : CV. Rev. * — CVSA — HVIS * —
SLR * — * Ae. t.b.c.

636 *Dutes* pareilles, trois variétés. Ae. b.c.

637 *Date* pareille . MO : POSS . , — . . PRINC ; Armoiries couronnées. Rev.
IN — HVES — SEN dans une couronne de feuilles. Comparez Verkade
pl. 210.2. Ae. t.b.c.—b.c.

638 *Date* pareille MO . POSS : — PRIN : CV. Rev. * — IN . — HVES — SEN
et autre variété o — o IN o — HVES — (S)EN — o Ae. b.c. 2 ps.

———

639 **Isenbourg** (Comté). **Charles à Birstein** 1811. *12 Kreuzer*. Tête à
g. par *I. Laroque*. Rev. Valeur dans une couronne. Cat. Farina,
n. 2116. Arg. Superbe.

Juliers, Clèves, Berg, Mark et Ravensberg.

Berg, (Duché).

640 **Guillaume II.** Comte 1360—80. *Gros de Mülheim* (Wappen-Turnose).
Armoiries dans un cartouche à 8 lobes. Rev. MONETA . MOLIM'.
Grote 53 g. var. Arg. t.b.c.—b.c.

641 **Adolphe** 1408—1423. *Raderalbus* de *Mülheim*, au buste du duc de
face, sous un portail gothique, avec DE * MOTE. Rev. MON' —
⊕ NOV' — * IIOE * — * LhE' Armoiries dans un quadrilobe,
entouré de 4 petits écus. Grote 60c. Arg. t.b.c.—b.c.
Y ajouté un autre, variété t.b.c. mais ébréché.

642 *Raderalbus* de *Mülheim* ; la tête ornée de 3 roses avec DV✕ ⊕ MONTEN
Au revers, les armoiries dans un trilobe, entouré de 3 petits écus
MONET — A ⊕ MOEL — ENhEI Variété de Grote 62a.
Arg. t.b.c.

643 *Raderalbus* pareil, avec MOEL — ENhEM Grote 62a. Arg. t.b.c.

644 *Raderalbus* pareil, avec DV✕ ⊕ MONTEI Grote 62e. Arg. t.b.c.—b.c.

645 *Gros* de *Mülheim* (Wappen-Turnose). Arg. a.b.c.

Juliers.

646 **Gérard IV** 1297—1329. *Denier à tête nue* (Köpfchen). Type de ceux de
Florent V de Hollande 1266—96. ·' GERARDVS COMES IVL.
Tête à gauche. Rev. IN — NOM — INI — DNI. Croix coupant la
légende et cantonnée de 4 rosaces. Grote, page 390 no. 3b. type *du
droit* pl. 14. 4. Arg. t.b.c. Rare.

647 *Denier à tête*, pareil. ⚹ GERARDVS COHES IVL' Rev. SIG —
NVM — CRV — CIS. Croix coupant la légende et cantonnée de
4 rosaces. Grote, page 360. 4b. pl. 14. 4. Arg. t.b.c.

648 *Denier à tête*, les cheveux coiffés d'un réseau. (type *de ceux de Florent
Mainbour de Hollande* 1256—1258). ✠ GERAR DVS COMES IV :
Rev. IN — NOH — INI — DNI. *Grote*, page 390 no. 2. type pl. 14. 2.
Arg. b.c.

649 **Guillaume I** duc 1356—61. *Herzogsgroschen* de **Bergheim.** WILh-
MVS DV✕ — IVLIACEISIS. Le duc debout sur un chapiteau,
tenant sceptre et globe ; à dr., petit écu au lion. Rev. ✠ MONETA :
BERGhM Croix. Lég. extér. ✠ ✕PC : etc. Grote 25 f. var. Arg.
t.b.c.—b.c.

650 *Esterlin* de *Juliers* (Imitation de ceux de Jean III, duc de Brabant 1312–1355. ⚜ DVX — ⚜ WILH — ЄMVS ⚜ Ecusson aux quatre lions. Rev. ✠ MOꞐЄTꞆ ⸱ IꞐ ⸱ IVLIꞆ◌ЄꞐSIS Croix fleuronnée. Grote page 415, n. 29*a*. Arg. t.b.c. Rare.

651 **Guillaume II** 1361—1393. *Gros de Bergheim* (Bergheimer Sterngroschen). ✠ WILHЄLꟽVS ⸱ DVX ⸱ IVLIꞆ ◌ЄꞐSIS⸱ Ecu au lion, dans un épicycloïde à 6 lobes. Rev. (petit lion) ⸱ ꟽOꞐЄTꞆ ⸱ BЄRꞆHGЄ-ꟽЄꞐSIS ⸱ Croix cantonnée de quatre étoiles. Grote, page 420 no. 36*a*. Arg. Beau. Rare.
Voir la reproduction.

652 **Guillaume III** 1393—1402. *Gros* à l'écu au lion, dans un trilobe ◌ WIL (petit lion) HЄL ⚜ ⁕ ⚜ MVS ⚜ DVX ⚜ ⁕ ⚜ IVLIꞆ◌Є ⸱ ⚜ ⁕ Rev. (petit lion) MOꞐЄTꞆ ⸱ ꞐOVꞆ : IVLIꞆ◌ЄꞐSIS ⸱ Grote 72*a*. Arg. Beau.

653 *Demi-Gros de Düren* à l'écu au lion, dans un trilobe. Rev. Croix fleuronnée; en coeur, petit écu à l'aigle. Grote 73*b*. Arg. Beau.
Y ajouté *Heller* à l'écu à l'aigle Rev. Croix cantonnée de W — I — L — H. Grote 44. Billon a.b.c.

654 **Rénaud** 1402—1423. *Florin d'or.* RЄIꞐ DVX . — IVL⸱GЄLꟼO⸱ St. Jean debout. Rev. . MOꞐЄ . — . TꞆ : DЄ . — . IVLIꞆ. L'écusson de Gueldre-Juliers, entouré de 3 petits écussons. Le tout dans un trilobe. Var. de Grote 76*a*. **Or.** Superbe.

655 (1610). **Prise de Juliers** par les Princes possédants. v. Loon II. éd. holl. page 71. éd. fr. page 71 no. 1. Bronze. mm. 50. Coulée. Belle.

656 **Même sujet** et en mémoire de la *défaite de la flotte espagnole près du Cap Finistère*. v. Loon II page 71 no. 1 (droit). Rev. v. Loon I page 487—476 no. 1 (droit). Br. mm. 51. Coulée. Belle.

657 **Juliers** *assiégée par le comte de Berg* en 1621. *Obsidionale octogone* au monogramme du commandant Frédéric Pythaan; dans le champ, 16 — Z1 . — . IN — GVL ⸱ — BE — LE — G ⸱ Comparez Mailliet, pl. LXVII n. 26. Arg. mm. 32. Belle.

658 **Philippe Guillaume** *comte de Palatinat* 1675. ⅓ *Thaler de Juliers.* H . PHILIP . WILHEL . PFA . Armoiries à 9 quartiers. Rev. (deux crochets en sautoir) MONE (T.) ARGENT . IVLIAC ENS — ⚜ VIII ⚜ — I. REICHS — THALER — 1675. Arg. t.b.c.

Juliers et Berg.

659 **Adolphe I** 1423—27. *Raderalbus de Mühlheim.* ꞆDVLP' ⁕ DVX ⁕ IVLIꞆ ⁕ MOꞐT. Buste du duc sous un portail gothique. Rev. ⁕ MOꞐ' — ⁕ ꞐOV' — ◌ MOЄ ⁕ — ⁕ LHЄ'. Armoiries écartelées, entourées de 4 petits écussons; le tout dans un quadrilobe. Cat. Isenb. n. 1248. Arg. b.c. Rev. Beau.

660 **Guillaume IV** 1475—1511. *Florin d'or au St. Hubert*, frappé à *Mühlheim*.
✶ — WILҺ' ✶ DV✕ — IVLIꝠꝠ' ✶ Z ✶ MO' St. Hubert au-dessus
de l'écusson aux armoiries écartelées. Rev. MOꝠꝬ' — ꝠOVꝠ —
ꝠVRꝬ' — MVLҺ' Armoiries écartelées sur une croix coupant la
légende. **Or.** Beau.

661 1482. *Gros de Mühlheim* WILҺꝬL' ✿ DV✕ — IVL ✿ Z ✿ MOꝠ —'
Le duc à demi-figure, portant glaive ; devant lui, écusson écartelé. Rev.
Double légende ✠ MOꝠꝬꝠꝠ (✿ ꝠOVꝠ (✿ MOLҺꝬM. Lég.
intérieure ✠ ꝠꝠ' ✿ Ꝡ ✿ ꝠꝠꝠꝠ ✿ L✕✕✕II Croix. **Arg.** Beau.
    Y ajouté **Guillaume IV** 1511. Demi-gros rhénan et **Jean III** 1512.
    Demi-gros rhénan. Arg. b.c. et t.b.c.

662 1489, *Double Sou* de *Mühlheim*, au lion assis, à la mante ✖ WIL-
ҺꝬLM' ✶ DV✕ ✶ IVLIꝠꝠ' ✶ Z MOꝠꝬ' Rev. ꝠOꝠꝬ' —
ꝠOVꝠ — MVLҺ — ꝬM ✶ 1489. Armoiries sur une croix coupant
la légende. Far. 1642. **Arg.** t.b.c.—b.c.

663 *Double Sou* pareil. **Arg.** b.c. 2 ps.

664 1500. *Double Sou* pareil, avec MOꝠꝠ' ✶ Rev. ꝠOꝠꝬ' — ꝠOVꝠ ✶
— MVLҺ — ꝬM ✶ 1700 Manque à Farina, Isenb. e.a. **Arg.** t.b.c.—b.c.
    Y ajouté, une variété. b.c.

665 1500. *Double Sou* pareil, variété avec MOꝠꝠꝬ' **Arg.** t.b.c.—b.c.

666 1500. *Double Sou* pareil. **Arg.** b.c. 2 ps.

Juliers, Clèves et Berg.

667 **Guillaume V** *duc de Juliers, Clèves et Berg, comte de Mark et Ravensberg* 1539—1592. s.d. *Thaler* au buste cuirassé, à g., portant bonnet
IN ○ DEO ○ SPES ○ MEA ○ GVILHELMVS D' ○ G' (tige). Rev. DVX ○
IVL ○ CLIV ○ ET ○ BERG ○ COM ○ MAR ○ RA (tige). Écusson aux armoiries à cinq quartiers. **Arg.** t.b.c.

668 *Thaler* pareil ; variété, buste plus grand, GVILHEMVS ○ D : G (tige). Rev.
Armoiries plus grandes. **Arg.** t.b.c.—b.c.

669 1568. *Thaler* au buste cuirassé, à g. ; m.m., pomme de grenade GVILI'✶
D'✶G'✶IVLIA'✶CLIVOR'✶⊽✶MONT✶DVX✶&c. Rev. CHRISTVS ✶
SPES ✶VNA✶SALVTIS✶1568. Armoiries à 3 heaumes. **Arg.** Beau.—t.b.c.

670 1577. *Stüber* (Sou) ✖ IN ✿ DEO ✿ SPES — MEA ✿ A° ✿ 1577.
Armoiries. Rev. Trois heaumes. **Arg.** b.c.

671 1579. *Stüber* MO . NO . DVC . IVL . CLI . Z . MON (pomme de grenade).
Armoiries. Rev. ✿ CHRIST . SPES etc. Trois heaumes, au-dessous . 79 .
Arg. t.b.c.—b.c.

672 1583. *Double Sou* ✠ IVLI' ✿ CLI' ✿ Z ✿ MON' — D' ✿ C° ✿ M ✿
AR' ✿ Z ✿ RA' ✿ ˀ Armoiries à 5 quartiers, entre la date 8—3 Rev.
Croix fleuronnée. **Arg.** t.b.c.

673 1584. *Double Sou.* Trois heaumes ; au-dessous, la date . 1584. Rev. Double
aigle couronnée et 1584. *Demi Sou.* Armoiries. Rev. Double aigle
couronnée. **Arg.** b.c. 2 ps.

674 1584. *Demi Sou.* Armoiries. Rev. Double aigle couronnée. **Billon** t.b.c.

675 (15)85 ½ *Groschen*; s.d. *6 Heller* (5 ps. var.) **Jean Guillaume.** *Groschen*
de 1598, 99 (2 var.) 1600 et 1603. 9. Arg. 12 ps. b.c.

676 1574. Jeton aux armoiries de **Guillaume, duc de Juliers, Clèves et
Berg** et en mémoire de la bataille sur la *Mookerheide* où sont tombés
les princes **Louis et Henri de Nassau.** * IN * DEO * SPES * MEA *
ANNO * DOMI' * 1574. Armoiries de Juliers. Rev. * DILIGITE * IVSTI-
TIAM * QVI * IVDICA' * TERRAM. La Justice assise. Dugn. 2614. Ae.
Beau et rare.

677 **Johann Wilhelm** (1592—1605). 1592? *Stüber*? fr. à *Emmerich* NVMMVS.
CLIVENSIS dans le champ X.. Rev. CVSVS. EMBRICÆ. Dans le
champ XCII. Arg. Droit. a.b.c. Rev. t b.c. Rare.

678 *Stüber?* pareil, dans le champ X entre 6—9. Rev. CVSVS. EM(B)RICÆ
C +, la date dans le champ effacée, b.c.—a.b.c.

679 1606 (2 var.) et 1609 *Groschen.* Armoiries à 3 heaumes. Rev. Globe
avec Z4. Arg. 3 ps Belles.

680 1607. *VIII Heller* de *Mühlheim.* Arg. t.b.c.—b.c. Y ajouté 6 *Heller* s.d.
de Guillaume V (1539—1592) t.b.c.

681 s.d Médaille au buste du duc à dr., cuirassé, avec fraise, fort en relief
IOHANES WILHELMVS — DVX.IVLIÆ.CLIVIÆ.MONT. Rev.
Armoiries heaumées. Vermeil. mm. 38 gr. 51.6. Belle médaille coulée
ancienne.
Voir la reproduction.

682 1609. *Jeton* sur sa mort DEVS REFVG. — MEVM. Dextre tenant un
naufragé. Rev. Lég. en 9 lignes IO.WIL.DVX — IVL.CLIV.MONT
etc. Plomb. Coulé b.c.

683 s.d. *Gros à la Madone* (Mariengroschen). . MARIA . — MA.DOMI.
La Madone debout avec l'Enfant Jésus. Rev. ⊕ MONO.D.I.
CLE.MO.C.RAV Ecusson aux armoiries, à 5 quartiers. Arg. t.b.c.
Rare.

Les Princes Possédants 1609—24.

684 *Sou.* MO:NO:AR.POSSI:PRIN... Armoiries couronnées, entre 1—S
56 : DVC — IVLIE — CLIV — MONT. Croix coupant la légende. Arg.
t.b.c.—b.c.
Y ajouté ¹/₁₆ *Thaler.'* au titre de Mathias. Armoiries. Rev. Double aigle
impériale; en coeur 16. Rare mais usé.

685 s.d. *Sou* fr. à *Emmerich.* Armoiries entre 1—S. Rev. MON. — ARG —
CVS — EMB Croix fleuronnée, sur un quadrilobe. Arg. t.b.c.

686 s d. *Sou* fr. à *Emmerich;* 3 ps. variées. Arg. t.b.c.

687 s.d. *Sou* fr. à *Emmerich.* 7 ps. variées. Arg. b.c. et a.b.c.

688 s.d. ½ *Sou?* fr. à *Emmerich.* Armoiries. Rev. Croix fleuronnée. Arg. b.c.

689 1609. ½ *Sou* fr. à *Emmerich.* Armoiries Rev. Croix fleuronnée, dans
les cantons X—CI — 60—9. Billon. b.c.

690 1611. *Sou* en cuivre. t.b.c. et b.c. 3 ps.

691 1611. *Sou* en cuivre IVSTIVIA.THRONVMF Armoiries couronnées;
autre avec FIR. t.b.c. et b.c. 2 ps.

692 s.d. *Dute.* Ae. 7 ps. var. t.b.c. et b.c.

693 (16)28. *VIII Heller* de *Düsseldorf* ♣ CVSVS DVSSELDORF 28 dans le
champ $\frac{LXX}{VIII}$ Rev. ♣ NVMMVS IVLIACEN, dans le champ VIII.
(1)643. *V* HELLER LEICHT. Rev. ♣ MON . IVLIACENSIS. Lion debout.
Billon. 2 ps. t b.c.

Juliers, Clèves et Berg.

694 **Wolfgang Guillaume de Palatinat** 1614—1653. *Ducat* de *Juliers*,
⊙ WOLFG . WIL . C . PAL . R . D . B . I . C . ET . MON Buste cuirassé,
à dr. Rev. DVCATVS . NOV — VS . IVLIACE 656, Armoiries. Exter I.
page 222. **Or.** t.b.c Extrêmement rare.
   Voir la reproduction.

695 1624. *Demi Thaler* au titres *de comte de Palatinat, duc de Juliers,
Clèves et Berg, Cte de Mark, Ravensberg et seigneur de Ravenstein* etc.
¦ WOLFG * WIL * D * G * C * PA * RHE * D * BAIVL * CLI * ET MO
Son buste cuirassé et drapé, à dr. Rev. CO * VEL * SP * MAR * RA —
ET * MOR * D * I * RA 1624. Armoiries; dans le champ C - E (Casper
Ernst). Exter 1 212—202. Arg. Beau. Fort rare.
   Voir la reproduction.

696 **Jean II** (Junior) **de Palatinat**. 1623. *Thaler* aux titres de *comte de
Palatinat, duc de Juliers, Clèves et Berg, comte de Marck, Ravensberg et
Seigneur de Ravenstein.* ✶IOHAИ . D . G . CO . PAL . RHE . DVX . BA .
IVL . CLI . ET . MOИ Buste cuirassé, à dr. Rev. CO . VE . SP . MA . ET .
— RA . DO . IN . RAV. — * 16Z3 * Armoiries à cinq heaumes. Arg. Beau.

697 **Jean George I de Saxe** (1615—1656) 1616. *Thaler* aux titres de duc
de *Juliers, Clèves et Berg.* ‡ IOHAN : GEORG : D : G : DVX SAX : IVL :
CLIV : ET MON Buste cuirassé, à dr., à demi-figure, tenant épée et
heaume. Rev. Armoiries à 6 heaumes. Marque monétaire, cygne.
Arg. b.c.

698 1632. *Thaler* pareil. Autre buste et IUL : CLIV : ET MONTI : Rev.
Armoiries à 6 heaumes, accostées en bas de H — I (Hans Jacob).
Arg. Très beau.

699 1647. *Thaler* pareil, avec IVL * CLIV * ET MONT ‡ Rev. Armoiries à
8 heaumes, entre C — R (Const. Rothe). Arg. Beau.

700 1650. *Thaler* pareil IVL . CLIV . ET MONT : Arg. t.b.c.

701 1621. ¼ *Thaler.* ‡ IOHAN : GEORG : D : G . DVX SAX : IVL : CLIV :
ET MO . Buste à demi-figure, cuirassé, à dr., tenant épée et heaume.
Rev. Armoiries. Marque monétaire, cygne. Arg.
   Superbe conservation.

702 1622. *Double Engelthaler* de *40 gros.* ⊛ IOHAN GEORG : D : G : ⅂V .
SAX : IVL . C . LIV . ET MON : Ange tenant armoiries. Rev. Deux anges
tenant 3 écussons; dans le champ, M — B (Mersebourg). Arg. t.b.c.—b.c.

703 **Jean George II**. 1680. ²/₃ *Thaler*. IOH . GEORG . II . DG . DUX . SAX .
I . C . & MONT. Buste à dr. Rev. Armoiries; m.m. C—F. Arg. b.c.

704 **Anne Marie de Saxe-Weissenfels**, *femme d'Auguste, fille d'Adolphe
Frédéric de Mecklenbourg-Schwerin* 1669. *Demi Thaler*. ⊛ D . G . ANNA
MARIA . DUX . SAX . IUL . CLIV . ET . MONT. — NAT — E . DOM .
MEG. — SVER. etc. Rev. ⊛ DEVM . QVI . HABET . OMNIA . HABET.
Jacob luttant avec l'Ange. Mad. 6754. Tentz. 82.5. Amp. 12025. Arg.
Beau. Rare.

Clèves.

705 **Frédéric Guillaume** (1640—88). 1668. *Stüber* fr. à *Clèves*. Armoiries 1—8. Rev. MON — ARG — CVS — CLI Croix fleuronnée ; au centre, sceptre. Arg. Beau.

706 1669 et 70, *Stübers* pareils. 8 ps. la plupart. b.c.

707 1670. *Dute* de *Clèves*. Ae. Belle.

708 1670. *Dutes* pareilles (2 ps.) et 1677 dute fausse du temps. Ae. 3 ps. b.c. 1606? *III Heller* b c. et a.b.c. 3 ps.

709 **Frédéric III** 1691, 92 (2 ps.) ½ Thaler fr. à *Clèves*. Arg. t.b c 3 ps.

710 1696. 97. *Dutes* de *Clèves*. Ae. 3 ps. t.b.c. Y ajouté 5 dutes a.b.c.

711 **Frédéric II** 1740—1786 1749, 52, 53 *Dutes* de *Clèves*. Ae. 6 ps. Belles et t.b.c. Y ajouté ¼ *Stüber* de 1774 de Charles Théodore. Ae. t.b.c.

712 1751, 52, 55 (2 ps.) 2 *Stüber* et 1806. 3 *Stüber*. Arg. 5 ps. t.b.c.

---

713 **Philippe Guillaume** 1677. *VIII Heller* (Fettmännchen). **Charles Philippe** 1738. *VIII Albus* et Stüber (2 var.) **Charles Théodore** 3 *Stüber* 1792 (2 var.) 1793 cuivre. Arg. 6 ps. Ae. 1 ps. b.c.

Jungheit.

714 1375. *Gros*, au buste de *Charlemagne* tenant sceptre et globe ; dessous, écu à l'aigle … ꓤOLVS × ꟽꓮG — ꓤVS × IꓠꝒƎꓤꓮT. Rev. Croix coupant une double légende ✳P : VIꓠꝋ … ꓤƎGꓠ — ꓮꓠO : OꓠI — ꟽ ◦ ꟼꟼꟼ ◦ LꭕꭕV. Lég. int. MOꓠ — ƎTTꓮ IVꓠꝋ — ꜧƎIT Arg. t.b.c.

Kessenich (Seigneurie en Limbourg).

715 **Jean II de Hornes** vers 1450. *Petit Billon* ⚜ ꓮVꟼ × ꟽ — Gꓤ. Fleur de lis dans un cartouche lobé, Rev. ⚜ PLꟼ … OOꟽIꓠV Croix pattée, dans un quadrilobe. Type v. d. Chijs pl. XXXII. 1. 3 (Gerdingen) 3 (Rummen). Inédit. t.b.c.

     Parce que Jean II de Hornes, Seigneur de Kessenich, a émis d'autres billons avec „Ave Maria, (v. d. Ch. pl. XIV. 19) je crois qu'il a aussi émis ce billon muet.

716 *Billon* (Imitation de ceux de Jean III, comte de Namur 1418—21) ✠ IOꜧꓮS' OꓠS Oꟲ ꝀƎSSƎꓠ Dans le champ ꓠꓮꟽ (urcum). Rev. ꟽOꓠ — ꓠꟲI — … ꓤI. Croix coupant la légende et cantonnée de deux lions v. d. Ch. pl. XIII. 3. b.c.

717 *Billon noir* frappé à *Kinroy*. *Type inconnu* à v. d. Chijs et à Wolters, dans le champ ꝀIꓠ Billon a.b.c. Extr. rare.

718 *Billon* inédit IOꜧS . Oꟲ : ꜧOꓤꓠI' Oꟲ . Ꝁꟲ. Ecusson aux trois fleurs de lis. Rev. ꟽOꓠꟲTꓮ : ꓠOVꓮ . IO . Oꟲ . Ꝁ. Croix dans un quadrilobe. Inconnu à v. d. Ch. et Wolters. t.b.c.—b.c. Extr. rare.

Kevelaer.

719 XVIIme siècle. Médaille de pélerinage de forme quadrilobée. Droit.
La Madone debout KEE—VEL—AER. Rev. Les bustes superposés,
à dr., du Christ et de la Vierge. Arg. mm. 27/27. t.b.c.

720 — Méd. de pélerinage, forme quadrilobée. La Madone deb. ; dessous, K.
Rev. L'Enfant Jésus entre La Vierge et St. Joseph. Arg. mm. 21/20. t.b.c.

721 XVIIIme siècle. Méd. de pélerinage, de forme ovale; décor repoussé ;
bordure ajourée. Droit. La Madone debout . KEE — VELAER. Rev,
* SALVATOR * — * MVNDI * (fleuron). Le Christ debout. Arg.
mm. 33 44. Belle.

722 1838. Procession d'Utrecht à Kevelaer. Insigne gravé : Droit. La Madone ;
dessous UTRECHT Rev. BROEDERMEESTER, St. Martin à cheval ;
dessous, 1838. Arg. ovale. mm. 42 28.

723 s.d. Insigne pareil. Droit O L VROUW VAN KEVELAAR. Rev.
BROEDER = MEESTER — DER — UTRECHTSCHE PROCESSIE.
Gravé. Arg. mm. 34/17. Beau.

724 s.d. Trois petites méd. de pélerinage. Une en arg. 2 ps. en cuivre.

Koevorden (Seigneurie).

725 **Rénaud I 1284—1315.** *Denier* à tête (Köpfchen) v. d. Ch. pl. XXI. 2.
Arg. b.c.—a.b.c. Rare.

726 **Rénaud II 1315—1324.** *Petit gros à l'écusson à l'aigle éployée* ✠ REИO
. DOM CO . . . E. Rev. Croix cantonnée de R — E — И — O
Comparez v. d. Ch. pl. XXI. 14. Arg. b.c.—a.b.c. un petit morceau
manque. Inédit.

727 **Rénaud IV 1380—1402.** *Double gros Botdraner.* REIИALOVS :
OEI : GRA : COMES : Z : OИS : KOVORO' Lion heaumé
assis. Rev. Légende intérieure. ✠ MOИETA KOVORDENS'.
Croix. v. d. Ch. pl. XXII. 21. Arg. b.c. *Extrêmement rare.*

Leeuwarden.
Brunon III de Brunswick 1038 57.

728 *Denier* ✠ HENRICVS ER Tête couronnée de l'empereur Henri, à dr.;
devant, sceptre crucigère. Rev. BRVN entre deux lignes striées ;
à l'entour, légende rétrograde commençant en bas ИΛΙΊ — en haut ꓘƎΛ
Comparez v. d. Ch. pl. 1. 2. Arg. t.b.c.

729 *Denier* pareil ✠ HENRICVS ER Rev. légende rétrograde commençant
en bas ИΛΙΊ — TꓭƎΛ. Variété inédite. Arg. t.b.c.

730 *Denier* pareil ✠ HENRICVS IE Rev. . BR . VN .; en haut, LIVN — ;
en bas, commençant à gauche ΛЄRI Variété inédite de v. d. Chijs
pl. II. 7. Arg. Beau.

731 *Denier* pareil ✠ HENRICVS IE Rev. BR . VN lég. rétrogr. commençant
en haut VΛIL : en bas, OƎꓘΛ Arg. Variété inédite. t.b.c.

732 *Denier* pareil ✠ HENRICVS IE Rev. BR . VN. lég. rétrogr. commençant
en bas VΛIT —; en haut, — OƎꓭΛ Comp. v. d. Ch. pl. II. 10. Arg. t.b.c.

733 *Denier* pareil ✠ HENRICVS RE Rev. BRAN Lég. rétrograde commençant en bas à dr. AVIL; en haut, OЯƎV Arg. t.b.c. Inédit.

734 *Denier* pareil ✠ H.ENRICVS IE Rev. BR.VИ; légende rétrograde commençant en bas à dr. VAIT; en haut, OИƎV. Var. de v. d. Ch. pl. II n. 5. Arg. Beau.

735 *Denier* pareil ✠ HENRICVS RE Rev. BRVN; légende rétrogr. commençant en haut à gauche .ИAV; en bas à dr., OЯИA. v. d. Ch. pl. II no. 12. Arg. t.b.c.—b.c.

Leiden *(assiégée par les Espagnols sous Valdez 1573–1574).*

736 1573. *Oort* de l'hôpital de Ste Catherine. .× .GEDENCT + DEN + ARMEN. Ecu de la ville; au-dessus,1573. Rev. une roue; v. Loon I, éd. holl. p. 179 éd. fr. page 181 n. 1. Mailliet pl. LXXI. 1. Ae. Beau.

737 1574. *Ecu de 20 sols*, frappé sur flan carré. ❀ H.EC ❀ LIBERTATIS ❀ ERGO ＊ Lion debout, tenant une lance surmontée du chapeau de la Liberté; dans le champ, 15—74. Rev. L'écusson de la ville, entouré d'une double légende GODT + ❀ + BEHOEDE + ❀ .LEYDEN × etc. Comparez v. Loon I, éd. holl. page 182, éd. fr. page 179 n. 1. Mailliet. pl. LXXI. 2. Vermeil. troué. Beau.

738 *Ecu de* 20 *sols* pareil, sur flan rond. Mailliet texte p. 285, n. 2ª. Arg. Beau. Rare.

739 *Obsidionale de 5 sols*. PVGNO ❀ PRO ❀ PATRIA + 1574. Lion debout, tenant l'écu de la ville. Rev. × LVG : — DVNVM — × BATAVO— RVM × dans une couronne de feuilles. v. Loon II, 182—179. n. 2. Mailliet pl. LXXI. n. 3. Arg. Belle et rare.

740 *Demi-sol* obsidional, v. Loon 1, 186—188 n. 4. Mailliet pl. LXXII. 17. Ae. b.c.

Lennep.

741 **Guillaume II** *Comte de Berg* 1360—1408. *Gros tournois* frappé à Lennep. ✠WILҺEℲMVS.GOMES Rev. MOΠƐTA ℲEIΠPE Comparez Grote 48c. Arg. t.b.c. Extr. rare.
Contremarqué à la roue d'Osnabrück.
Voir la reproduction.

Liège (Evêché).

742 **Rodolphe de Zaeringen** 1167—1191. *Denier.* Buste de l'évêque à dr. Rev. Lion à g. au-dessous d'une arcade, de Chestret 121 et variété avec ROF — E— PC. Arg. t.b c. et b.c 3. ps. var.

743 **Albert de Rethel. Prévôt** 1191—94. *Denier;* de Ch. 131. Arg. b.c. et t.b.c. mais morceau ébréché. 2 ps.

744 **Albert de Cuyck** 1194—1200. *Denier.* Buste à dr. Rev. Eglise; de Ch. 144. Arg. t.b.c. et a.b.c. 2 ps.

745 **Hugues de Pierrepont** 1200—1229. *Denier.* Deux bustes de face. Rev. Buste de profil et perron ; de Ch. 156. Arg. t.b.c.—b.c.

746 **Adolphe de la Marck** 1313 –1344. *Gros à l'aigle,* fr. à *Liège.* de Ch. 225. Arg. t.b.c.—b.c.

747 **Engelbert de la Marck** 1345—1364. *Florin d'or*, frappé à **Saint Pierre les Maestricht**. . S . IOHⱭ — ИИƎS . B. (mitre). St. Jean debout. Rev. (deux clefs en sautoir). SⱭИT. — . PETRH. Grande fleur de lis; de Chestret 240. **Or** t.b.c.—b.c. Fort rare.

748 **Jean de Bavière** 1389—1418. *Billon noir*; de Ch. 297. t.b.c. **Jean de Heinsberg** 1419—55. *Billon noir*. Comp. de Ch. 329 et *Billon noir* au perron. Var. de Ch. 333. **Jean de Horn** 1484—1505. *Billon noir*; de Chestr. 421. var. Ae. 4 ps. t.b.c. et b.c.

749 **Louis de Bourbon** 1456—82. *Double gros* fr. à *Hasselt*. Armoiries remplissant tout le champ. Rev. Croix coupant la légende, cantonnée de quatre fleurs de lis; au centre L. Var. Chestr. 345 avec ḤⱭSSƎLL. Arg. t.b.c.—b.c. 1479. *Demi-aidant de Bourbon*, fr. à *Hasselt*, de Ch. 353. Arg. b.c. 2 ps.

750 *Billons noirs* fr. à *Curingen*; de Ch. 367 t.b.c. et b.c. 8 variétés.

751 **Jean IV de Horn** 1484—1505. *Florin d'or* au St. Lambert, de Chestret 386. **Or** pâle. a.b.c.

752 **Robert de Berghes** 1557—1564. s.d. *Sprenger* (¹⁄₄ Ecu). ROBERTVS * A * BERGIS * EPS * LEODIE * Ecusson heaumé. Rev. DVX * B — VLLON — COM * L — OSSEN Croix fleuronnée, coupant la légende. Var. de Ch. 506. Arg. t.b.c.

753 *Sprenger* pareil, variété de gravure. Rev. COMES - LOSSE Arg. t.b.c —b.c.

754 *Sprenger* pareil, autre variété. LEODI' Rev. LOSSEN Arg. t.b.c. b.c.

755 *Sprenger* pareil, revers LOSSE Arg. b.c.

756 1561. *Patard*; de Ch. 508. Arg. 2 var. b.c.

757 **Gérard de Groesbeeck** (1564—1580). 1567. *Rixdaler*. GERAR' * A' * GROIS' * EPS' * LEO' * D * BVL *' CO' * LOS' Ecu aux armoiries heaumées. Rev. MAXIMILI' * II' * ROMA' * IM' * SEM * AVGV' * 1567. Double aigle impériale. Type de Ch. pl. XXXIV. 514. Contremarqué à l'écu au lion de Hollande. Arg. Beau. — t.b.c.

758 1569. *Rixdaler* pareil GERARD' * A * GROISB' * EP * LEO' * D * BVL * CO * LOSS Rev. AVG' * 1569 Contremarqué à l'écu de Hollande. Arg. Beau. — t.b.c.

759 **Ferdinand de Bavière** 1613. *Florin d'or* au buste à g. FERDINANDVS . D . G . EPISCOPVS . LEOD. Rev. DVX . B — VILLONIENSIS — 16—13. Ecusson de Bouillon; de Chestret 574. **Or**. t.b.c.

760 — *Florin d'or* pareil ·:· FERDINAND . D . G . EPISCOPVS . LEODI Rev. DVX . BVLLONIENSIS, des rosaces au-dessous de l'écu de Bouillon. Var. de Chestret 573. **Or**. b.c.

761 **Ferdinand de Bavière** 1623. ¼ *Thaler* au titre d'archevêque de Cologne, administrateur de Hildesheim, évêque de Paderborn, Liège et Münster etc. ☙ FER . D . G . AR . COL . EL . ADM . HIL . EPS . PAD . LEO . MON Son buste à dr. Rev. COM . PAL . RHE . DVX . B ĀV . ANG . WEST . ET . BVL — 16 ☙ Z3. Armoiries entre G — H. Arg. trou rebouché. t.b.c. mais avec quelques hâchures. Rare.

762 **Maximilien Henri de Bavière** (1650—1688). 1671. *Ducaton* MAX . HEN . D . G . ARC . COL . PRINC . E Buste à dr. Rev. EP . ET . PRINC . LEOD ' DVX . BVL . MAR . FR . CO . LO . H. Armoiries couronnées; en haut, 16 71. Arg. Beau.

763 1635 et 53 Méreau d'église ANNIVERSAR. Crâne. Ae. 2 ps. Belles.

Limbourg (Comté).

Waleran de Luxembourg, seigneur de Ligny, gouverneur du Limbourg pour le duc Rénaud I de Gueldre.

764 s.d. (1284). *Esterlin* frappé à **Rolduc**. (W) — ALR — (A)MV — S Ecu au lion. Rev. (WA) — LR — AM — VS Croix à doubles bandes, coupant la légende et cantonnée des lettres R — O — O — E v. d. Chijs pl. IV. 4. Arg. b.c. Extrêmement rare.
Voir la reproduction.
Voir Revue Belge III. 1880. page 259. l'intéressant article de Hooft van Iddekinge.

765 **Thierry VI**, *seigneur de Broich* 1401—39. *Denier fr. à Broich.* * DID ... GREVE * Le comte à mi-corps, tenant épée; sur la cuirasse, un écu au lion de Limbourg. Rev. @ MONETA ... A ... O ... E. Rose. Cpz. Cte Limburg Stirum. pl. III. 32. Arg. a.b.c.

Limbourg (Duché).

766 1582. *Jeton fr. à Maestricht* pour la Chambre des comptes de *Brabant, Limbourg, Luxembourg* et *Namur.* Le roi Philippe II debout. Rev. G . POVR . L . CHA . (D) . COT . D . B' . LIM . (ET)LVX . A . NAM. Croix de Bourgogne, accostée des écus de Brabant, Limbourg et Luxembourg. v. Loon I. éd. holl. 319. éd. fr. 314. Dugn. 2900. Ae. t.b.c.

767 1583. Succès des armes espagnoles. Jeton pour la Chambre des comptes de *Brabant, Limbourg, Luxembourg* et *Namur.* v. Loon I. éd holl. 334. éd. fr. page 328 no. 1. Dugn. 2943. Ae. b.c. Rare.

768 s.d. Méd. de prix au buste de la reine Wilhelmina des Pays-Bas. Rev. Branche de laurier, et gravé „*Genootschap Limburg aan:*" Arg. mm. 42. Portative. gr. 30, 5. Belle.

Lippe-Schaumbourg.

769 1780. **Mariage de Philippe de Lippe-Schaumbourg avec la princesse Julie de Hesse.** Leurs bustes accolés, à dr. PHILIPPVS SCHAVMBVRGO LIPPIACVS ET IVLIA HASSIACA. Rev. FAVSTO CONVBIO IVNCTI. Le prince debout tenant les deux écus aux armoiries de Lippe et de Hesse, au-dessus d'un autel, à l'exergue D : X . OCT : MDCCLXXX. **Or.** mm. 39. gr. 23.5. Superbe médaille par *Dobicht.*
Voir la reproduction.

770 **Adolphe George** (1860—93). 1865. *Thaler.* Tête à g.; par *Brehmer.* Rev. Armoiries. Schw. 145. Arg. Essai frappé sur flan bruni. Superbe.

771 LIPP * LANTMVNTZ. Monnaie en cuivre, contremarquée deux fois d'une rosace. t.b.c.
Voir aussi les monnaies de **Vianen.**

Looz (Comté).

772 Monnaie ou jeton du XIVme siècle. Ecusson burelé de Looz. Rev. Fleur. Ae. mm. 22. t.b.c. Fort rare.

773 **Arnould VIII** 1280—1328. *Gros tournois frappé à Hasselt* ✠ MONETA . hASELT Châtel. Bordure de 12 feuilles de houx. Rev. ✠ ARNOL-DVS : COMES. Croix. Lég. ext. ✠ IN : D o MINE : DOMINI : NRI : DEI : IhV. ✠ I. Variété inédite de v. d. Chijs. pl. XX. 6. Arg. Superbe et extr. rare.
    Voir la reproduction.

774 — *Esterlin à tête.* ✠ COMES ❦ ARNOLDV(S) Rev. MON — ETA — COM — ITIS Croix coupant la légende, cantonnée de 12 besants. Comparez v. d. Ch. pl. XX no. 11. Arg. t.b c. mais le bord un peu ébréché.

775 *Esterlin à tête* pareil. Arg. t.b c.

776 *Esterlin aux armoiries à deux quartiers* (Looz-Chiny). ✠ C — OMES — D : LO — S Rev. COM — ES A — RIIO — IDVS Variété de v. d. Chijs. pl. XXI. 17. avec une rosette dans chaque canton de la croix. Arg. t.b.c.—b.c.

777 *Esterlin pareil.* ❀ C — . OME S . — D : L . . . S. Rev. . ARN — OLD — VS C — OME' Dans chaque canton de la croix, une grande rosace. Variété intéressante de v. d. Chijs. pl. XXI. 21. Arg. t.b.c.—b.c.

778 *Denier à tête* (Köpfchen). I ARNOLDVS : COS L'OS Tête à g. Rev. . IN — NOH — INE — DNI Croix coupant la légende, cantonnée de quatre rosaces. Comparez v. d. Chijs pl. XXI. 23. Arg. Beau et rare.

779 *Denier à tête* pareil. . . . LDVS : COS (L)OS Rev. ∵ IN — . . . — INE — D(N)I. Arg. t.b.c. un peu ébréché. Variété inédite.

780 *Denier à tête.* ✠ ARNOLDVS COES LOS Tête à g. Rev. . NI (sic !) — NOM — IN(— DNI Croix cantonnée de quatre rosaces. *Variété inédite.* Arg. Beau. Rare.

781 *Monnaie en billon.* (Imitation des Royal Parisis doubles de Philippe IV 1285-1314). ✠ ARNOLDVS : COME(S) Croix. Rev. MONETA : DVPLEX Dans le champ, une fleur de lis ; au-dessous COMI — TI.S. v. d. Chijs. pl. XXI. 27. b.c. Rare.

782 *Monnaie en billon* pareille. Variété b.c. Y ajouté un obole tournois. Rare mais usé.

783 *Monnaie en billon.* ✠ MONETA DVPLEX Châtel accosté de deux fleurs de lis. Rev. ARNOLDVS . COMES Croix ; dans le premier canton, une fleur de lis. *Manque à v. d. Chijs.* Comparez le no. 28 pl. XXI avec *Moneta Simplex.* t.b.c. Rare.

784 **Louis IV** 1328—1336. *Quart de gros à l'aigle, fr. à Hasselt.* ✠ LVDO-VICVS : COMES . D . LOS Rev. ✠ MONETA o NOVA o hAS o EL. Croix fleuronnée. Variété de v. d. Chijs. pl. XXII. 5. Arg. Beau.

785 *Quart de gros à l'aigle* pareil. Rev. avec hASEL Arg. t.b.c.

786 *Demi-gros aux 4 lions* ✠ LVD : COMES : DE : LO ... Rev. Double
lég. Lég. intér: ✠ SIGNVM × CRV ...S. Croix. *Manque à v. d. Chijs.*
Arg. t.b.c. mais un morceau ébréché. Extr. rare.

787 **Thierry de Heinsberg** 1336—1361. *Gros aux 4 lions, fr. à Hasselt*
✠ MONETA ⦂ NOVA ⦂ hASSELEN' × Rev. Double légende.
Lég. ext.: ✠ BHDICTV ⦂ etc. Lég. int.: ✠ ThCODCR' ∘
COMCS Croix Variété de v. d. Ch. pl. XXII. 3 Arg. Beau—t.b.c. Rare.
Voir la reproduction.

788 *Double Tournois* ... hEODERICVS ... Croix fleuronnée. Rev.

          . T .
✠ M ... hASSELT Dans le champ C ⊢ O v. d. Ch. pl. XXII. 8.
          M
Billon. b.c. Rare.

789 *Billon noir* pareil, variété ✠ TEDO ... VS Rev. ✠ MO ...
hAS ... SIS n.b.c. 2 ps. var.

790 **Averbode** (dans le pays de Looz). Médaille de pèlerinage. Légendes
hollandaises. mm. 38/28 et 23/16 2 ps. portatives. Ae. Belles.
     L'abbaie d'Averbode fut fondée en 1136 par le comte Arnould V de Looz —
     En 1328 y fut enterré le comte Arnould VIII.

791 — Médaille de pèlerinage, légendes françaises et avec le nom fautif
AVERBORDE. mm. 20/14 portative. Ae. Belle.

Lorraine (Duché).

792 **Mathieu II.** 1219—1251. *Denier de Sierck.* Cavalier à dr. Rev. Ecu
à l'aigle CI — RK — C(S) de Saulcy pl. II. 8 et variété avec
. CI — R(K) — CS. Arg. 2 ps. t.b.c.

793 **Ferri III** 1251—1303. *Denier de Nancy* au bras armé; de S. pl. II. 21
et *Denier de Neufchâteau*; de S. pl. III n. 1. *Denier de Nancy*, au cavalier
et à l'écusson de Lorraine; de S. pl. II. 15. Arg. 3 ps. b c.

794 **René I d'Anjou** 1431—53. *Demi-gros de Saint-Mihiel.* Armoiries
remplissant tout le champ. Rev. Epée en pal, entre un barbeau et un
aiglon; de S. pl. XI. 2. Arg. 13 ps. var. b.c.

795 *Demi-gros Gros de Nancy,* même type; de S. pl. XI. 6. Ar. 5 ps. var. b.c.

796 *Gros* aux armoiries posées sur un épée en pal. Rev. Croix de Lorraine;
de S. pl. X. 12 (2 var.) *Gros et Demi-gros de St. Mihiel*; de S. pl. XI,
1, 2 et 6. Arg. 5 ps. t.b.c. et b.c.

797 **Charles II** 1390—1431. *Gros de Sierck,* KAROLVS ⊛ D — V✠ .
LOThOR' Ecusson incliné, heaumé et surmonté d'une aigle. Rev.
MONETA ⦂— IN⦂ SIERK Epée en pal. Comp. de Saulcy, pl. VIII. 8.
Arg. t.b.c.—b.c.

798 **René II** 1473—1508. *Demi Florin d'or.* ✠ RENATVS ⋆ D ⋆ G ⋆
REX ✠ SICILIE ⋆ LO : Armoiries remplissant tout le champ. Rev.
MONET ⋆ A — NANCE St. Nicolas debout. Variété de Saulcy,
pl. XII n. 3. Or. t.b.c. Rare.

799 **Antoine** 1508—1544. *Plaque* au bras armé ‡ ANTHON D G CALABY LOTOY ET B C Armoiries couronnées. Rev. – FECIT POTENCIAM IN BRACHIO SVO Bras armé; de Saulcy, pl. XIV. 12. Arg. Beau.

800 *Denier* au titre de Calabrie. Var. de S. pl. XIV. 16. Arg. b.c.

801 **Charles III** 1545—1608. *Nancy. Double Denier* de S. pl. XVIII. 1 et 3 et 6 (contremarqué). *Denier* de S. pl. XVIII. 11 et *Denier* de billon, pl. XVIII. 10. **Charles IV.** *Double Denier* de S. pl. XXVI. 10. Arg. 5 ps. Billon, 1 ps. t.b.c.

802 **Henri** 1608—24. *Florin d'or*, au St. Nicolas; fr. à *Nancy*. Var. de Saulcy, pl. XXIV n. 4 avec NANCEII **Or.** t.b.c.—b.c.

803 *Nancy. Double Denier* de S. pl. XXV. 9, (2 var.) et 10 (3 var.). *Denier* de S. pl. XXV. 11, (4 var.) Arg. 9 ps. b.c.

804 **Charles IV** (1626—1675). 1669. *Pistole.* CAR . IIII . D . G . DVX — LOTHA . ET . BAR Sa tête laurée, à dr., au-dessous, 1669. Rev. SIT — NOM — DOM — BEN Croix formée de huit C entrelacés; de Saulcy, pl. XXVII. 8 (de 1661). **Or.** Très beau, fort rare.
Voir la reproduction.

805 **Léopold I** (1697—1729). 1724. *Double Léopold* LEOPOL . I . D . G . D . — LOT . BAR . REX . IER. Sa tête laurée, à dr.; au dessous, 1724. Rev. TV . DOMINE — . — SPES . MEA. Armoiries couronnées. Comparez de Saulcy, pl. XXXII. 3. **Or.** Très beau et fort rare.
Voir la reproduction.

806 1728. *Pièce dite Mason.* Tête à dr. Rev. Quatre alérions couronnés, placées en croix; de S. pl. XXXIII. 1. Arg. b.c.

807 1592. **Ferdinand I de Médicis et Christine de Lorraine** mariés en 1592. Belle méd. par *Michele Mazza de Florence.* FERDINANDVS . M . MAGN . DVX . ETRVRLÆ . III. Son buste cuirassé, à dr.; dessous, MICHELE . MAZZA . F . 1588. Rev. CHRISTIANA . PRINC . LOTHAR . MAG . DVX . HETR . * — * 1592 * Buste à dr., fort en relief. Armand I page 285 n. 11. Br. mm. 42. Belle médaille coulée. t.b.c. Rare.

808 **Prise de Weisebourg, Haguenau et Lauterbourg, par le duc Charles Henri de Lorraine.** Son buste cuirassé à dr. par *M. Holtzhey.* Rev. Bellone foudroyant et tenant 3 médaillons aux noms des villes prises; dessous, le Rhin couché. En exergue TRAIICIT IRATO SPVMANTEM VORTICE RHENVM, etc. Mont. 1744. v. Loon suppl. 1817. Arg. mm. 49. gr. 44.5. Belle.

Luxembourg.

809 **Jean l'Aveugle** 1309—1346. *Esterlin* (type anglais) ✠ IOHANNES : DEI : GRA' Tête couronnée, de face. Rev. REX — BOE — ETP — OL'O Croix coupant la légende et cantonnée de quatre groupes de 3 globules. Serr. 60. Bernays n. 45 var. Arg. b.c.

810 *Esterlin* de *Poilvache* (type anglais) ✠ IOHES . DEI . GRA . REX . B Rev. MON — ETA — MER — AVD. Bernays n. 72 (15 f.) et variété MON — ETA. Arg. t.b.c. et b.c. 2 ps.

811 **Wenceslas I** 1356—1383. *Esterlin* aux quatre lions DVꝰ — BRꙘB ꙘNTIЄ. Rev. ꙮ MONETA ɜ LOŒBGES' Serrure n. 127. Arg. t.b.c.

812 *Blan-gros* aux deux écus sous une couronne. Rev. Croix. Serrure 133. Bernays n. 149. Arg. t.b.c.

813 **Elisabeth de Görlitz** *veuve de Jean de Bavière* 1423—1451. *Gros à l'aigle* au-dessus des écus de Bavière-Palatinat et de Luxembourg. Serrure 177. Bernays 206. Arg. b.c.

814 **Philippe IV d'Espagne** 1642 Sou. Ecusson couronné. Rev. Croix de Bourgogne. Serrure 227. Arg. t.b.c.—b.c. Rare.

815 1875. *25me Anniversaire de la Lieutenance de S. A. R. le prince Henri des Pays-Bas.* Tête à dr. Rev. „*Exposition internationale d'Agriculture et d'Horticulture du Grand-Duché de Luxembourg*". Méd. en argent par *Hart.* Zwierzina 372. mm. 50. gr. 39. Très belle.

816 1879. **Mort du prince Henri des Pays-Bas** à **Walferdange.** Son buste de face. Rev. GEBOREN TE SOESTDIJK 13 JUNI 1820, OVERLEDEN TE WALFERDANGE 13 JANUARI 1879 etc. Br. mm. 46. Belle.

Maestricht (Sous les Mérovingiens).

817 *Tiers de sou d'or*, fr. à *Maestricht* par le monétaire **Ansoaldus** o TRI — ECT ꙮ Buste diadémé à droite. Rev. + AN ꝯ OALDO Croix, en haut 3 globules: v. d. Chijs Frankische vorsten, pl. VIII. 13. Belfort n. 4447. **Or.** t.b.c. Fort rare.
   Voir la reproduction.

818 *Tiers de sou d'or*, fr. à *Maestricht* par le monétaire **Trasemundus** + TRIO--CTOS. Buste diadémé à droite. Rev. THRASIMVNDVS. Croix. **Or.** Beau. Inédit. Extr. rare.
   Voir la reproduction.

Maestricht.

819 **Frédéric I Barbarossa** 1152—1190. *Denier.* Buste couronné de l'empereur à g., tenant un sceptre crucigère; derrière lui, une branche; dans le champ IPB. Rev. Clef, dessous en deux lignes CLA — SIV. Cappe n. 524. Revue Belge II, pl. VII. n. 5. v. d. Chijs, Frankische Vorsten, pl. VXI. 18. Arg. Beau.

820 *Denier* pareil, variété avec IPE. Arg. Beau.

821 **Jean IV** *duc de Brabant* 1415—1427. *Thuyne frappé à Vroenhof.* IOҺ : Dꝰ : BRꙘB : Z : LIꝳB : GOꝳ : ҺꙘN : Һϴ' : Z : ꝫЄ' Lion assis dans un enclos, tenant armoiries écartelées de Bavière-Brabant. Rev. ꙮꝳONЄT : — NOV : FꙘŒ — : INDЄN : — VROҺOЄ Croix coupant la légende; de Witte 444, v. d. Ch. pl. XIV. 10. Arg. Beau.

822 **Philippe de Baeu,** majeur (1454—1506). 156(z). *Florin d'or Philippe,* fr. à *Maestricht.* Variété de Witte n. 602. Comparez v. d. Chijs, pl. XXXI. 6. **Or.** b.c. fendu.

823 **Philippe II d'Espagne** 1555—76. *Demi Réal d'or*, fr. à *Maestricht.* Var. de de Witte 703. **Or.,** *les légendes très bien lisibles*, le buste et les armoiries effacés.

824 **Philippe II d'Espagne** 1573. *Ecu Philippe*, fr. à *Maestricht*, Buste cuirassé, à g. Rev. Armoiries sur une croix de Bourgogne. v. d. Chijs. pl. XXVIII. 17 ; de Witt. 717. Arg. t.b.c.

825 — 1569. *Ecu à la croix de Bourgogne*, fr. à *Maestricht*; type v. d. Chijs. pl. XXIX. 29. de Witte 737. Arg. t.b.c. Rare. *Contremarqué en 1572 à l'écu de Zélande.*

826 — 1572. ½ *Ecu Philippe*, fr. à *Maestricht* et contremarqué au lion de Hollande. Arg. Beau.

827 —1580, 1586 (3 variétés), 1591. *Liards* fr. à Maestricht. Comp. de Witte 858. Ae. 5 ps. t.b.c.

828 — *Negenmannekes* fr. à *Maestricht* de 1580, 84? et 96 ; de W. 859. 861. 862 et *Courte noire* de W. 755. var. Ae. 4 ps. b.c.

829 *Assiégée par les Espagnols, sous Alexandre Farnèse, prince de Parme*, Obsidionales de XVI, XII et VIII sols ; de Witte 814, 815, 816 variété. 3 ps. b.c. et t.b.c.

830 **Albert et Isabelle** 1600. *Double Florin* d'argent, fr. à *Maestricht*. (Etoile). . ALBERTVS . ET . ELISABET . DEI . GRATIA. Leurs bustes opposés. Rev. (Etoile) ARCH ID . AVST . DVCES — BVRG . ET . BRAB $\frac{7}{..}$. Armoires couronnées, entourées du collier de la Toison d'or ; aux côtés de la couronne, la daté 16—00. Varieté de de Witte. n. 967 en 967*a*. Arg. t.b.c. Rare.

831 — *Liards* fr. à *Maestricht* de 1607 (3 var.) 1608, 1611, 1613 et 1614, (7 ps. var.). Ae. 13 ps. t.b.c. et b.c.

832 **Assiégée par les Français en 1794.** *Ecu de* 100 *sols.* Mailliet, pl. LXXVI. 17. v. Loon II, suppl. n. 820. Arg. Beau.

---

833 15 ⁕ 82. *Confiance dans le parti royaliste. Jeton de la Chambre des comptes de Brabant, Limbourg, Luxembourg et Namur*, frappé à *Maastricht* SVPER . ASPI . ET — BASILIS . AMBVL — AB Philippe II debout, couronné et armé, marchant à g. sur des serpents. Rev. Croix de Bourgogne, accostée des écus de Brabant, Limbourg et Luxembourg couronnés, et du bijou de la Toison d'or ; au-dessous, la date 15 (étoile à 5 points comme marque monétaire de Maestricht) 82. v. Loon I éd. holl. 319— éd. fr. 314. Dugn. 2900. Ae. Beau.

834 1599. *Jeton pour les échevins de Maestricht.* TRAIECTVM AD — MOSAM . 1599 ⁕ Ange tenant l'écu de la ville. Rev. La Justice assise. Dugn. 3483. Comp. v. Loon I 530. Ae. b c.

835 16 9. *Bonne entente entre le Brabant et Liège sur la double juridiction Maestricht.* DIvIs . FraGIL — . vNIO . FoRTiS. Un ange tenant les armoiries couronnées d'**Erneste de Bavière** et des archiducs **Albert et Isabelle**; dessous, petit écu de la ville de Maestricht, accosté de la date . 16 ⊤ 09 . Rev. La Paix et la Justice debout. Dugn. 3661. Ae. t.b.c. Rare.

836 1614. *Jeton* au même sujet. ⊛ FERDINAN . ET — ⁕ — ALBERT . DOMIN. Ange tenant les écussons de **Ferdinand de Bavière** et des **Archiducs** ; dessous, la date ⊛ 1614 ⊛ Rev. DENAR . RAT . — CIVIT . TRAI . SVP L'écu heaumé de la ville. Dugn. 3707. v. Loon II. éd. holl. page 90. éd. fr. page 91. Ae. t.b.c. Rare.

837 1839. *Conduite fidèle et constante de la ville de Maestricht* pendant les
événements de 1830—39. La ville personnifiée assise. En exergue
J. WIENER FEC : Au revers, légende en 15 lignes, avec les noms
du **Baron Dibbets, Baron van der Capellen** et **Jonkheer Gericke
van Herwijnen.** Dirks 552. Guioth n. 283. Br. mm. 41. Belle.

838 *Même médaille* en argent. Variété signée J. WIENER FEC : MDCCCXXXX
Arg. mm. 41. gr. 26 2. Belle.

839 1841. Le roi Guillaume II visite pour la première fois le duché de
Limbourg (**Roermond, Maestricht, Venlo** et **Weert**). Son buste
à g. par *J. Wiener.* Br. mm. 45. Dirks 587. Belle.

840 1841. **La nouvelle synagogue à Maestricht** inaugurée. Vue de la
synagogue. Dirks 591. Br. mm. 42. Belle.

841 1877. *Réunion de la Société royale de Numismatique de Belgique.* Armoiries
de la ville de Maestricht. Rev. Légende. Zwierzina 412. Arg. mm. 30.
Belle.

842 s.d. Petite médaille religieuse „Mirak. Beeld V. O. L. Vr. v. Maastricht.
Sterr (sic.) der Zee B. V. O. Arg. Ovale, mm. 30 16. Belle.

---

843 1683. *Méreau des Charpentiers catholiques* ● EERT GODT MARIAS
IOSEP ONSEN . PAT. Dans le champ, des outils et la date 1—6—8—3.
Dirks. pl. XCV. 6. Ae., troué b.c.

844 1698. *Méreau des Tailleurs d'habits* CLEDERMAECKER AMBACHT
IN MAESTRIECHT 1698. Comparez Dirks, pl. XCV. 11 Ae. mm.
39/34. t.b.c. Rare.
Sur le revers gravé le nom MARI KATRIN BECKERS.

845 1706. *Méreau des Jardiniers* S VRBANE PATROEN VAN DE HOVE·
NIERS — ● Le Saint assis, tenant croix et ceps de vigne; aux côtés,
deux jardiniers. Dirks pl. XCVI. n. 19. Ae. mm. 50. Beau et rare.
Sur le revers gravé le nom IACOBUS DELNO 1772.

Malines.

846 **Phillippe le Bon.** duc de Bourgogne 1430—1467. *Tiers de lion d'or,*
fr. à **Malines.** ✠ PhS × DEI × GRA' × DVX × BVRG ● DHS' ●
MECHL'. Lion assis à g., dans un entourage de 8 arcs de cercle.
v. d. Ch. pl. XV. 5; de Witte n. 471. Cat. du Musée d'Auxerre n. 101.
Or. t.b.c. Très rare.

Mannheim.

847 **Frédéric IV du Palatinat** (1583—1610). 1608. *Florin de Mannheim de*
26 Albus. MONETA NOV ● ARGENT ● MANHEIMII CVSA. Buste
cuirassé à dr. — XXVI — ALB: Rev. ● CHVRFVRSTLICHER
PFALTZ LAND MVNTZ. Trois écussons sous une heaume. Cat. Sch.
4294. Arg. Beau.

848 **Mark. Friedrich Wilhelm** 1650. *Thaler* (Bleiabschlag). Buste cuirassé,
à dr. Rev. Aigle, portant écu au sceptre et les écus de Clèves et de
Mark ; dans le champ, M — M et 16—60. Plomb. Beau.

Mayence (Archevêché).

849 **Otto II** empereur 973—983. *Denier*. Dannenberg pl. 31 no. 778. Arg. t.b.c.—b.c.

850 **Gerlach de Nassau** 1346—71. *Florin d'or* au type florentin (Roue). S . IOHA — ИИЕ . S . B . (aigle). St. Jean debout. Rev. ✠ GƏRL — ΛR' . ƏPS'. Grande fleur de lis. **Or.** Beau.

851 **Adolphe I de Nassau** *évêque de Spire, Administrateur* 1373—1381. *Florin d'or* S . MIRTIИ — VS . ΛRƏPS. Le Saint assis sur un siège gothique, tenant crosse; au-dessus, écu de Nassau. Rev. ✠ ΛOOLP : ƏP SPI . ΛMIИISTΓ ƏCΣ II L'écusson à la roue de Mayence dans un trilobe. **Or.** Beau.

852 *Archevêque*. 1381—90. *Florin d'or de Bingen*. ΛOOLPVS — ΛRPS MOG'. L'archevêque assis tenant crosse, au-dessus de l'écu de Nassau. Rev. ✠ MOИƏTΛ : OPIDI PIИGVƏИSIS. Ecusson à la roue dans un trilobe. **Or.** Beau—t.b.c.

853 **Conrad II de Weinsberg** 1396/7. *Florin d'or, de Bingen*, frappé après sa mort. SCIS ⁞ MƏRTIИVS ⁞ ƏPΣ. L'archevêque assis sur un siège gothique. Rev. ✠ MOИƏTΛ ⁞ OPIDI ⁞ PIИGƏИSIS. Ecusson à la roue de Mayence dans un trilobe. **Or** Beau.

854 **Jean de Nassau** 1397—1419. *Florin d'or, de Höchst*. IOҺIS' × ΛR — Ə — P' × MΛGVИT'. St. Jean debout. Rev. ✠ MO — ИƏTΛI . ҺOƏST . SVP' — MO. Ecusson parti de *Mayence-Nassau*, accosté des écussons de *Trèves* et de *Cologne*. **Or.** Beau—t.b.c.

855 **Albert de Brandebourg** (1514—45) 1515. *Florin d'or* ○ ΛLı ○ Λ ○ ƏP ○ ΣΩ — Ə ○ MƏY ○ ƏTΣ ○ Le Christ assis; à ses pieds, écusson de Mayence. Rev. ○ MOИƏ ○ — ○ ΛVRƏ ○ — ○ RƏИ ○ 1515 ○ Quatre écussons dans un trilobe. **Or.** Beau—t.b.c.

856 **Anselm Casimir Wambold v. Umstadt** (1629—47) 1645 *Ducat*. Ses armoiries dans une couronne de laurier. Rev. ANSELM — CASIMIR — D : G : AR : EP — MO : S : R : I : PER — G : AR . CA . P . E dans un cartouche carré, entouré de branches de laurier. **Or.** Beau.

857 **Jean Philippe de Schönborn** (1647—73) 1648. *Ducat* ✿ IOAN : PHILIP : D . G . ARCHIE . MOG . S . R . I . ARCHIC : PRINC . EL : Son buste de face, tourné à g. Rev. EPISC . HERBIP : ET ORIEÑT . FRANCO . DVX . — E 'X' T — 16 — 48. Ses armoiries. **Or.** Beau.

858 1661. *Ducat* au buste à gauche ✿ IOANN . PHILIP . DG . ARCHIEPI . MOG . S . R . I . ARCHIC . PR Eᴵ Rev. Ses armoiries EPISC . HĒRBIP . ET . ORIEN . FRAN . DVX — м (crochets en sautoir) ғ. **Or.** Superbe.

859 1664. *Erfurt remise à l'électeur de Mayence*. Méd. au buste de Louis XIV, à dr. Rev. La France présente à l'Eglise de Mayence, la Ville d'Erfurt agenouillée; à l'ex., ERFORDIA ECCL . MOGUNT. — RESTI-TUTA. — M . DC . LXIV. Br. mm. 41. Belle.

860 **Anselm Franz. v. Ingelheim** 1690. *Sortengulden*. Buste à dr. Rev. Armoiries couronnées, accostées de branches de palmier. Arg. t.b.c.

861 1689. **Prise de Mayence.** Méd. au buste à dr. de **Jean George III de Saxe**; par *Omeis.* Rev. Trois aigles volant vers le soleil INTREPIDE — INTUITUROS. Sur la tranche ✿ UTRAUMQUE . PRINCIPEM . MOGUNTUM . MILITATUM . DUCENS. A°. 1689. Arg. 33 mm. 21.5 gr. Belle.

862 **Frédéric Charles Joseph v. Erthal** (1774—1802) 1795. *Ducat.* Buste à dr.; sous le buste I . L . Rev. Armoiries couronnées, entourées d'une branche de palmes et de laurier; dessous 17 — I . A . — 95. **Or.** F.d.c.

863 *Ducat* en or du Mein. FRID . CAR . IOS . A EP . ET EL . MOG . EP . W. Buste à dr.; sous le buste, F . S . . Rev. Vue de la ville; en haut AVREA MOGVNTIA; en exergue MDCCLXXXXV — I . A . **Or.** Beau.
Voir la reproduction.

Megen (Seigneurie en Brabant).

864 **Henri II** empereur. *Denier* HEINRICVS (R)E(X). Buste diadémé, à dr. Rev. SĀ . . . N(B)ERTVꝯ Double croix; dans les cantons M — (.E) — G — I Dannenberg no. 268. Revue Belge II. 6 page 403. no. 7. Arg. b.c. Fort rare.

865 **Jean II** 1320—1360. *Gros au lion* (Type des Gros de Rénaud III de Gueldre) ✠ MONETA : COMITI : DE : MEGHEN (EN liés) Lion couronné, à queue fourchue, dans une épicycloïde. Rev. ✠ MONETA ⁑ COMITIS ⁑ DE ⁑ MEGHEN Croix fleuronnée. Manque à v. d. Chijs; var. de Revue Belge 1882 page 604 n. 10. Arg. b.c. Fort rare.
Voir la reproduction.

866 *Denier* au lion . . . ONETA . MEGHENS(I). Rev. MON . . . EGHE — NSIS. Croix coupant la légende. Var. de v. d. Ch. pl. II n. 3. Revue Belge 1882 page 604 n. 11. Arg. b.c. petit morceau ébréché. Rare.

867 **Jean III** 1359—1415. *Double Gros Botdraeger* IOHANNES ⁝ DEI ⁝ GRACI(A) ⁝ COMES ⁝ MEGEN' Lion heaumé assis. Rev. Légende intérieure ✠ MONETA ⊕ DE ⊕ MEGENSIS. Var. de v. d. Chijs pl. II n 9. Arg. b.c. Extrêmement rare. (Vente Völcker fl 83 sans les frais).

868 **Marie de Brimeu** 1572—1576. *Noble d'or, frappé à Goriachem* (Imitation servile des nobles anglais) H — ENRIC : DI : GRA REX ANGVL MAR B . DDNSHY. Chevalier armé portant l'écusson de l'Angleterre, debout dans un vaisseau. Rev. TVA . DNI ⚜ OUAIM . NBP . VIDEM . SOD . SDANT. Croix fleuronnée; au centre: H. Comp. v. d. Ch. pl. III n. 23. **Or.** t.b.c. Extrêmement rare. *2d Exemplaire connu.*
Voir la reproduction.

869 *Denier* noir (imitation des pièces de 3 mites des Trois-Villes impériales Deventer, Campen, Zwolle) BENED . QVI . VENIT' IN NOM DOM. Trois petits écusson, de *Megen, Brimeu* et un à l'aigle de? Rev. MONE — COMI — MAGI — ENSI. v. d. Chijs pl. III. 20. t.b.c. Rare.

Metz (Evêché).

870 **Jean I** *Denier fr. à Metz.* Buste bénissant, de profil, à g. Rev. Croix patteé, cantonnée de deux croissants et de deux étoiles. Arg. t.b.c. et b.c. 2 ps. rares.

871 Vers 1260—1282. *Denier fr. à Epinal,* au buste à g.; devant, une rosace; deux variétés avec et sans ruban à la mitre. Arg. b.c.

872 *Denier fr. à Rambervillers,* malfrappé. 3 ps. var. b.c.

873 **Metz** (Ville). *Florin d'or* à St. Etienne (14me siècle) ✠ (* FLORENVS (* CIVITATIS (* METENSIS (* Ecusson de la ville, dans un cartouche à 6 lobes. Rev. . S . STEPHANVS * — PROTHOMAR'. Le Saint debout, dans un cartouche ovale. **Or.** Superbe.

874 Vers 1400. *Gros* au Saint agenouillé GRO — SSV — S ⚜ M — ETE. Cat. Robert 757. Arg. t.b.c.

875 Vers 1500 et XVIme siècle. s.d. *Gros* (6 var.) et ¹/₂ *gros* (4 var.) pareils. Arg. 9 ps. t.b.c. et b.c.

876 XVIme siècle. *Gros* au Saint agenouillé, à g., entre deux petits écus de Metz. S o STEPHA — o — PROTHOM Rev. BNDICTV * SIT * etc.; lég. intérieure GRO — EPI — MET — ENS Croix coupant la légende et cantonnée de 4 étoiles. Arg. t.b.c. Fort rare.

> Ce gros ayant tout à fait le type des gros de la ville de Metz : le Saint entre deux petits écussons de Metz, me semble bien être sorti de l'atelier de la ville, malgré la légende EPI — MET — ENS.

877 1638 *Ecu* au buste de St. Étienne, à g. ✠ S . STEPHANVS PROTO-MARTIR. Rev. ⊛ MONETA CIVITA . METENSIS. 1638. Ecu échancré, dans une épicycloïde à 6 lobes. Arg. t.b.c.

878 1641. *Ecu* pareil. Arg. t.b.c.

879 1641. *Ecu* pareil; variété PROTOMARTIR . ⊛ Arg. t.b.c. mais coin tréflé.

880 1647. *Ecu* pareil ✠ S . STEPHANVS . PROTO . MARTIR . ⊛ Arg. Beau.

881 1592. *Teston* au Saint debout, dans un ovale. Arg. t.b.c.—b.c.

882 1659, 1661. *XII Gros* (Franc) au buste du Saint. Arg. t.b.c.—b.c. 2 ps.

883 1641. *VI Gros* pareil (2 var.) et *Demi-gros* de 1632 et 1647. Arg. b.c. et t.b.c. 4 ps.

Middelbourg, *avec son garnison espagnol sous Mondragon, assiégée par les Zélandais 1572—1574.*

884 1572. *Obsidionale de VI Sols.* Château Rev. V. I Mailliet, pl. LXXXIII. 6. Plomb. Belle.

885 1572. *Obsidionale de 36 sols.* ✠ — . D . R . P . — F. M · IDD — . 1 . 5 . 7 . Z dans un grénetis circulaire. Contremarquée: à g. de l'écu de Zélande; à dr. de la tour de Middelbourg; v. Loon I éd. holl. page 159 éd. fr. page 156 n. 2. Mailliet LXXXIII n. 2. Arg. Belle.

Moers (Comté).

886 **Jean** 1364—1374. *Herzogsgroschen* de **Gangelt** ḥER . . . ḥAN ⁞ VA — NM . . . ḥE Le comte couronné, debout, tenant sceptre et globe, au-dessus de l'écu à l'aigle. Rev. Double légende, lég. ext.: ✶PC etc.; lég. int. ✠ MONETA ⁞ GANGELT× Croix. Revue Belge 1864 page 445. Isenbeck no. 1288 (Mk. 75,-) Arg. b.c. Extr. rare. *Voir la reproduction.*

887 **Vincent** 1418—93. *Gros (Type des gros de David de Bourgogne, évêque d'Utrecht 1456—1496)* Ecusson aux armoiries écartelées; dessus, étoile. Lég. extér. : ✠ ○ MO ... ПOVX ⁞ MOERSSEПA' Lég. intér. : ⁞ VIПA' ⁞ AO' ○ MOE ... E' ○ S Rev. XПO — Ɔ ʃΠAA — AAL ... Croix coupant la légende. Bordure de 12 médaillons à l'aigle. Arg. b.c. Extrêmement rare.
   Voir la reproduction.

888 **Maurice de Nassau-Orange**. (mort en 1627). 1590. Inauguration du prince comme *marquis de Flessingue*. ❀ OLIM * MEMINISSE * IVVABIT. Ecusson de Flessingue. Rev. Armoiries écartelées, *écu de Moers sur le tout du 2me et du 3me quartier*. v. Loon I, éd. fr. 409, éd. holl. 415. Arg. 30 mm. Superbe et rare.

889 1601. Inauguration du prince Maurice d'Orange comme *Comte de Moers* et marquis de Vere et Flessingue. ❀ MAVR . PR . AVR . CO . NASS . CATZ . MOERS . MAR VER . ET . V — LISS Son buste cuirassé, de face, tenant épée. Rev. Ses armoiries. Jeton en argent. v. Loon I. 559—543. Dugn. 3518. Beau.

890 Même jeton. Cuivre doré. t.b.c.

891 Même jeton. Ae. t.b.c.

892 **Même sujet**. ❀ MAVRITIVS ❀ DG NATVS ❀ AVR ❀ PRINC ❀ COMES ❀ NASSAV ∞. Son buste cuirassé, à dr. Rev. Ses armoiries couronnées, avec écu de Moeurs sur le tout du 1r et 4me quartier. MARCH ❀ VERAE ❀ ET ❀ VLISS ❀ GVB ❀ PROVINc MAR — IS ❀ P — RAE. Méd. galvanoplastique. Inédite, mm. 63.

893 1613. **Le prince Maurice de Nassau-Orange, chevalier de la Jarretière** * MAVRITIVS * AVR * PRINC * COM * NASS * — ET . MV . MAR . VE . FL . EQ . OR . PERISCELIDIS. Son buste de face, cuirassé. Rev. Ses armoiries, entourées du ruban de la Jarretière, l'écu de Moers sur le tout du 2 et 3me quartier. Belle médaille ovale, portative. v. Loon II, page 87. Méd. Ill. p. 205 n. 39. Br. doré mm. 56/45. Belle.

894 — **Médaillon** pareil, uniface, au buste cuirassé, de face, entouré d'une double légende. Bronze mm. 57/46. Belle conservation.

895 1619 *Double Thaler* (Schauthaler) en mémoire du Synode de Dordrecht et des services rendus par le prince Maurice à l'Église et à l'État . RELIGIONE . ET . IVSTICIA . RESTITVTIS. Lion néerlandais debout. Rev. .c❀w. RESPVBLICA . DEMVM . FLOREBIT . ❀ .—VNANIMITAS. Armoiries couronnées du prince Maurice, l'écu de Moers sur le tout du 2d et 3me quartier. v. Loon II, éd. holl. 112 éd. fr. 113. Méd. Ill. 79. Cat. Schulth. Rechb. n. 6735. Arg. gr. 58. Belle.

896 **Wolfgang-Guillaume** *Cte de Palatinat-Neubourg*. 1623 *Thaler* aux titres de *duc de Juliers, Clèves et Berg, comte de Ravensberg et de Moers, seigneur de Ravestein*. ❀ WOLF ○ WILH ⁞ D ⁞ G ⁞ CO ⁞ PAL ⁞ RHE ⁞ DVX ○ BAV ⁞ IVL ⁞ CL ⁞ ET ⁞ MONT ○ Son buste cuirassé, à dr., avec fraise; lég. intérieure IN DEO MEA ○ — ❀ CONSOLATIO ❀ ○ Rev. armoiries couronnées, entourées du collier de la Toison d'or CO ⁞ VEL ⁞ SPON ⁞ M ⁞ AR ⁞ RAV — ET ⁞ MOR ⁞ DO ⁞ IN ⁞ RAVE ❀. Exter I, page 209. (5me coin). Arg. Beau.

---

897 **Molsheim** (Alsace). *Denier*. Personnage debout. Rev. Château. Arg. t.b.c.

Montaigu (Scherpenheuvel) *près de Liège.*

898 Méd. de pélerinage S . PHI — LIP . NER . COR . F. Buste de St. Philippe
de Néri, à g. Rev. S . MARIA — MONTACVT. La Madone avec
l'Enfant Jésus devant un arbre. Arg. ovale 25,2) mm. t.b.c. XVIIme siècle.

899 7 médailles de pélerinage, diverses, légendes françaises. Laiton.

900 9 médailles de pélerinage, diverses, légendes hollandaises. Laiton.

901 **Montmédy** (Luxembourg). 1657. **Prise de Montmédy par les
Français** après la mort du gouverneur Molandry. Méd. au buste de
Louis XIV, par *Mauger.* Rev. MONS MEDIUS CAPTUS. Trophée.
v. Loon II. éd. fr. 412 éd. holl. 426. Br. 41 mm. Belle.

Mühlheim.

902 1489. *Double Sou* de **Guillaume IV** *duc de Juliers et Berg.* Droit. Lion
assis, à la maute. Rev. Armoiries sur une croix coupant la légende.
Arg. b.c.

903 (1408—1423). *Raderalbus* **d'Adolphe** *comte de Berg,* au buste du duc
de face dans un portail gothique Rev. ❀ MON' — ❀ NOV' —
❀ MOE ❀ — LhE' Armoiries dans un quadrilobe, entourées de
4 petits écus. Grote 60c. Arg. t.b.c.—b.c.

904 1881. Kath. Gesellen-Verein. **Jubilé de 25 ans.** Métal blanc. mm. 32.
portative. Belle.

Münster (Evêché).

905 **Otton III.** *comte de Rietberg* 1301—06. *Denier.* L'évêque de face. Rev.
Tête de St. Paul. Cappe pl. III. 38. Arg. b.c. Y ajouté *Denier*; type
Cappe pl. III. 37. (Everhard de Diest 1275—1301) b.c.

906 **Florent de Wevelinghoven** 1364—79. *Denier* à l'évêque assis; devant
la poitrine, écu de Wevelinghoven. Rev. Buste de St. Paul avec épée
et écu de Münster. Cappe pl. IV. 56. Arg. b.c. 5 ps. var.

907 **François Cte de Waldeck** 1532—1553. *Shilling.* FRA' + D — G' ×
MO' × — OSB × E — CMI' × A' Croix coupant la légende et cinq
écussons. Rev. Sts. Pierre et Paul debouts. Grote pl. 25. 67. Arg. t.b.c.

908 **Ferdinand de Bavière** (1612—1650). 1640. *Thaler.* . FERDINAND .
ELECT . COL . EPS . MONAST . BAVA . DVX. Armoiries. Rev. . S .
PAVLVS . APOST. PA . — TRON . MONASTE — RI. St. Paul debout.
Arg. Très beau.

909 **Chapitre de Münster.** *6 Pfennige* 1762. *4 Pfennige* 1760, 1762, 90;
3 Pfennige 1661. — Evêché *Clém. Auguste 4 Pfennige* 1748. — **Ville**
s.d. *3 et 2 Pfennige.* Ae. 8 ps. Belles.

910 1534. **Les Anabaptistes à Münster.** *Double Thaler.* ✳ DAT ✳ WOR—T ✳
IS ✳ FLEISCH — GEWORdEN — VN . WANET . IN . VNS ✳ I ✳ en
5 lignes dans champ. Rev. Ecusson dans lequel THO — MVNS — TER
au-dessus, 1534 et entouré d'une double légende. v. Mieris II, page 406.
1 var. Madai 5167. Arg. mm. 47. gr. 57,8. Belle et rare.

911 **Murbach et Lure** (Abbaye). **Léopold V,** *archiduc* (1586—1632). 1624.
2 Batz. ❀ MONETA . NOVA . MVR ET LVDR. Deux écussons; dessus,
1624; dessous, (2). Rev. Le Saint assis. Var. de Ernst et Lehr,
pl. XXIII. 5. nos. 79, 80. Arg. Beau.

912 **Nantes** 1885. *2me fête séculaire de la révocation de l'Edit de Nantes et l'accueil des réfugiés français dans les Pays-Bas.* Méd. par I. Elion, aux légendes françaises. Br. mm. 55. Belle.

913 **Nassau. Frédéric Auguste** 1815. Médaille de Waterloo. Sa tête à dr. Rev. „*Den Nassauischen Streitern bey Waterloo*". Victoire couronnant un guerrier. Bramson 1659. v. Heyden 465. Dirks 58. Arg. Belle.

Neuss (ville).

914 *Hohlpfennig*, Armoiries parties. Arg. t.b.c.

915 (Vers 1479) *Hohlpfennig*, quatre écussons en croix. t.b.c.

916 s.d. *Albus.* St. Quirin sous un dais gothique; devant lui, écu de la ville. Rev. ✳ℳ — O ✳ — ✳ ℛℴ𝔙𝔄 ✳ — ✳ ℛ𝔙SSI' Quatre écussons dans une trilobe. v. Merle no. 1. Arg. b.c.

917 s.d. *Albus.* Le Saint debout, tenant épée et fanon; devant lui, l'écu de la ville. Rev. Ecu couronné à la double aigle éployée, entouré de 3 petits écussons. ℳ — O' — ✳ ℛℴ𝔙𝔄 ✳ ℛ𝔙SSIℰℛS' v. Merle no. 2. Arg. t.b.c.

918 *6 Heller* aux armoiries écartelées. Rev. Globe. Billon. b.c.

919 1586. **Prise de la ville**, par le prince de Parme. Jeton de la Chambre des comptes du prince de Parme. v. Loon I. éd. holl. p. 371 éd. fr. 365. no. 1. Dugn. 3107. Ae. t.b.c. Rare.

920 s.d. **Aviculture** Verein „Fauna" zur Hebung der Geflügelzucht in Neuss. Méd. par H. Weckwerth. Br. doré. 35 mm. Belle.

Nimègue.

921 **Frédéric II**, empereur 1212—1250. *Denier* 𝔄ℛ. Buste de face tenant globe. Rev. ✛ N . . . ℰN. Croix cantonnée des lettres 𝔄 — V — ℰ — ✳ de Voogt 7ter. Arg. t.b.c.

922 *Double Ducat à St. Etienne* S ✳ STEPHANVS ✳ — PROT HOMA — R. Le Saint debout, à dr. Rev. ✳ INSIGNIA ✳ VRBIS — IMPE ✳ NOVIMAG ✳ Armoiries heaumées de la ville. Var. de de Voogt no. 39*d.*, var. v. d. Chijs pl. 1. 5. **Or.** Beau.
Belle monnaie.

923 *Demi-Sou* 1485 (2 var.), 1488; *Double Sou* s.d. fr. en 1499; *Peerdeken.* Arg. 5 ps. a.b.c.

924 *Pièce de 4 Mites.* Var. de v. d. Ch. pl. V. 48. Billon. a.b.c.

Nimègue occupée par les Espagnols 1585—1591.

925 1587. $\frac{1}{35}$ *Ecu Philippe* frappé à *Nimègue.* Armoiries couronnées, et au titre de Philippe. Rev. Croix fleuronnée; de Voogt no. 73 var. pl. VIII. no. 2. Arg. t.b.c. Rare.

926 1588. $\frac{1}{35}$ *Ecu Philippe* pareil; de Voogt no. 76. Arg. t.b.c. Très rare.

927 1588. *Liard* (Oort) fr. à Nimègue. Buste couronné de Philippe, à g. Rev. Armoiries couronnées. de Voogt no. 77. Ae. t.b.c.

928 (15)88. *Liard* pareil varié avec la date 8 ✛ 8. de Voogt n. 78 Ae. t.b.c.

929 1588. *Demi-Liard* (Half Oort) fr. à *Nimègue.* Tête nue de Philippe à g. Rev. Armoiries couronnées; de Voogt n. 79. Verk. pl. 18. n. 2. Heiss pl. 173. 89. Ae. b.c.

930 1589. *Liard* au buste couronné, à g.; de Voogt 81. Verk. pl. 18. 1. Heiss pl. 173.90. Ae. t.b.c. troué.

931 1590. *Liards* pareils: de Voogt 84, et *Liard* s.d. au buste nu, à g. Ae. t.b.c. et b.c. 3 variétés.

932 1591, *Liards* pareils; de Voogt n. 86. Ae. b.c. et a.b.c. 2 variétés.

933 (1612—1619). $\frac{1}{16}$ *Thaler* MO . NO ... PE .CIVITATIS.NOVIMAG. L'écusson de Nimègue surmonté d'un heaume. Rev. . MAT . 1 . D ... OM . IMP . SEMP . AVG. Double aigle impériale, ayant en coeur, globe avec 10. Arg. b.c. *Inédit.*
    Type inconnu et la première monnaie de Nimègue, retrouvée, portant le titre de l'empereur **Mathias**.

934 1619. *Double Sou.* Ecusson couronné, entre 2 — S. Rev. croix portant en coeur, écu à l'aigle. Verk. pl. 24. 1. Arg. b.c.

935 1690. *Pièce de 28 Sous* au nom de **Ferdinand II**. *Contremarquée du faisceau de flèches.* Verk. pl. 22. 4. de Voogt *111*. Arg. t.b.c.

936 1591. *Délivrance de Nimègue, Zutphen, Deventer et Hulst.* Jeton au lion néerlandais. Rev. . ZVTPHAN . DAVEN . HVLST . NOVIOM . LIB . REST. etc. v. Loon I, éd. holl. 421, éd. fr. 414, n. 1. Dugn. 3281. Arg. et Ae. 2 ps. t.b.c.

937 La populace de Nimègue veut piller la maison de l'échevin **Roukens**. v. Loon suppl. 319. Br. 35 mm. Beau.

938 1907. *Internationale Hondententoonstelling.* Br. mm. 42. Belle.

Obbicht (Seigneurie en Brabant).

939 **Jean van der Donck**, coseigneur 1431—1475. *Billon noir*, imitation d'un denier tournois de Charles VII de France. + IⲜⲀⲨES ... DⲨI . BIX Ecusson trilobé, à 3 fleurs de lis. Rev. ⲨOMⲈN ... Croix pattée, dans un trilobe. Inédit. t.b.c.—b.c. Extr. rare.

940 **Nicolas van der Donck** 1467—1506. *Billon noir*. ... Ꝺ ∘ B . . ⲈⲀⲦ Ecusson aux armoiries écartelées. Rev. Croix coupant la légende. ⲀⲚO ... ... B — ICⲎ Inédit. b.c.

941 *4 Miles*, imitation d'une monnaie de Philippe le Beau pour la Flandre. ⳾ ⲚICOLⲀVS DOⲘ ... DⲈ ⁞ OBI' Ecu au lion couronné. Rev. ... ⲈⲦⲀ ⁞ ⲚOⲀ' ∘ FC ... C ... Croix pattée; au centre, une fleur de lis. Revue Belge 1895. pl. I, n. 10. Billon. t.b.c.—b.c.

942 *4 Miles* pareil ⳾ ⲚICOLⲀVS ⁞ DOⲘIC ⁞ DⲈ ⁞ OBI Rev. ⳾ ⲘO ... ⲈⲦⲀ ∘ ⲚOⲀ' ∘ FC — ∘ — ⲈCⲎ' Ae. t.b.c.

---

943 **Osnabrück** (Evêché). **Brunon**, *comte d'Isembourg* 1250—58. *Denier.* Cappe, pl. VI. 9. **Conrad II**, *comte de Ritberg* 1270—96. *Denier.* 2 var. Arg. 3 ps. b.c.—a.b.c.

944 **Ville.** *5 Pfennige* (16)25; 1704, 26. *3 Pfennige.*1759. (2 ex.) **Paderborn** (Ville) 16ZZ *IIII* et *III Pfennige,* t.b.c. le premier avec contremarque au nombre 32. Ae. 7 ps. b.c. et t.b.c.

945 **Paderborn. Clément-Auguste** 1723. $\frac{1}{12}$ *Thaler.* **Francois Arnold** 1711 et 1716. *Mariengroschen.* Arg. et Billon, 3 ps. b.c.

946 **Ferdinand II de Fürstenberg** 1676. *VI Pfennige.* **François Arnould de Metternich.** *VI Pfennige* 1706. (3 ps. une avec contremarque) 1718. (2 var.) **Clément Auguste.** *VI Pfennige* 1748. 2 var; *III Pfennige* 1743. **Guillaume Antoine** 1767. *Pfennig.* **Chapitre de Paderborn** 1761. *VI et IIII Pfennige.* Ae. 12 ps. Belles et t.b.c.

947 1879. *Kathol. Gesellen-Verein.* Jubilé de 25 ans. Métal blanc. mm. 32. portative. Belle.

Palatinat (Ancienne branche électorale).

948 **Rupert I** 1353—1390 *Florin d'or de Bacharach* . ✠ RVPE — RT DVX Fleur de lis. Rev. . S . IOHA . — ИИES . B (double aigle). St. Jean debout. Noss. 8. **Or.** Superbe.

949 *Denier d'Amberg,* Buste entre R — A Rev. Deux bustes. Arg. 2 var. t.b.c. et b.c.

950 **Frédéric I** 1449—1476 *Albus rhénan de Bacharach* ❀ FRID' ❀ Œ' ❀ P — R' ❀ DVX ❀ B' Buste de St. Pierre. Rev. ❀ MONŒ' — ❀ NOVA ❀ — ❀ BACḣ' Écusson de Palatinat—Bavière, entouré des 3 petits écussons de Mayence, Trèves et Cologne; le tout dans un trilobe. Arg. t.b.c. et b.c. 3 ps.

951 *Albus* pareil, avec ❀ FRID' ❀ Œ' P — R ' ❀ DVX BA' Arg. t.b.c. 3 ps.

952 *Albus* pareil ❀ FRID' Œ' ❀ P — R' ❀ DVX' ❀ BA' et ❀ FRID' Œ' P — R' DVX ✦ BA' Arg. 6 ps. t.b.c. et b.c.

953 *Albus* pareil + FRID' Œ' ✦ P — R' + DVX + BA'; avec FRID' ❀ Œ' P' — ❀ R' DVX ❀ BA' ❀ Arg. t.b.c. 3 ps.

954 *Albus* pareil, 6 ps. var. t.b.c.

955 **Otton-Henri et Philippe de Neubourg** 1530. *Neuburger Zehner* au titre de l'empereur Charles V. Ecusson écartelé, accosté de 15—30 et au-dessus ✳ N ✳ Rev. Double aigle impériale. Arg. t.b.c.

956 1519. *Batzen de Neuburg.* Lion à g. Rev. Deux écussons. Arg. t.b.c.

957 **Frédéric II le Sage** *comme Électeur* 1547. *Thaler* ❧ FRIDER . D . G . C . PAL . RI . B—.VA . DVX . S . R . I . PR . E Son buste en habit électoral, tenant épée et globe. Rev. MON : ARGE : SVPERIO : PALATI : B.VAR. Trois écussons sous un heaume; au bas, la date 15—47. Arg. Très beau.
Voir la reproduction.

958 **Charles Louis** (1648—1680). 1668 (corrigée sur 1667) *Gulden.* Buste cuirassé, à dr. Rev. Trois écussons sous un heaume; m.m.: 3 crochets (Joh. Cas. Hermann, de Heidelberg) Arg. t.b.c.

959 1659. *Thaler* ✳ CAROL LVD . D . G . COM . PAL . RH . S . R . IMP . ARCHIT . PR . EL . D . BAV. Buste cuirassé, à dr. Rev. ✳ DOMINVS PROVIDEBIT . 1659. Trois écussons sous un heaume. Exter I 121, 129. C. Sch. 4299. Arg. t.b.c. Rare.

960 1662. *Thaler* pareil. Exter II 388. C. Sch. 4302. Arg. Très beau. Rare.
Voir la reproduction.

Palatinat-Simmern (Branche électorale).

961 **Louis VI** (1576—1583). 1580. Médaille ovale. Son buste cuirassé, à dr.
.LVD.D.G.CO.PA.ELE.A.D.Z. Rev. VINCES VIRTVTE —
..VIVENTIS. 1580. La Résurrection du Christ. Exter I, page 58 n.51.
Vermeil mm. 39 34. gr. 14,1. Avec oeillet. t.b.c.
Voir la reproduction.

962 **Philippe Guillaume** (1653 1690). (1681). Médaille satirique de la déclara-
tion de guerre de la France à la Suède, à cause de ses prétentions sur le
Palatinat et Metz. TRAU NICHT | DEM APPETIT | DIE KÖRNER
AUS | ZU PICKEN | ES KONTE DIR DIE | LUST. | IN EINER
KLAU | ERSTICKEN. | Rev. VIGILI NIMIVM NE CREDE SOPORI.
Lion couché sur une gerbe de blé; derrière lui, un coq picotant les
grains de blé. Sur la tranche: ❧ TRAU NICHT DEM SCHLAF.
HIER LIEGT KEIN SCHAF. Hild. 92. Arg. mm. 51. gr. 46. t.b.c.
Fort rare.
Voir la reproduction.

963 **Même médaille** comme dame en buis. Belle. Rare.

964 1688. **Désastres dans le Palatinat.** Invasion des Français. Méd.
par *G. Hautsch.* DENCK TEVTSCHLAND AN DEN FRIDENBRVCH.
Vue du massacre des habitants et du bombardement des villes de
Coblenz, Heydelberg et **Philipsburg.** Rev. La Germania debout
entre la Fidélité et la Concorde. Inscr. sur la tranche. Exter I, n. 250.
v. Loon III. éd. holl. 388. éd. fr. 362 n. 1. Arg. mm. 45. gr. 37.4.
Belle.

965 1689. **Mariage de Marie-Anne, fille de Philippe Guillaume de
Palatinat. avec le roi Charles II d'Espagne.** CAROLVS.II.
HISP. MONARCHA. MARIA. ANNA ELECT. P.FILIA. Leurs
bustes opposés; dessus, MB (Brunner). Rev. Les pucelles de l'Espagne
et du Palatinat, tenant deux coeurs au-dessus d'un autel; sur le devant,
lég. en 8 lignes. Inscr. sur la tranche. Comparez Exter I, 298. v. Loon III.
éd. holl. p. 464. éd. fr. page 433. n. 5. Br. mm. 48. Belle et fort rare.

Palatinat-Neubourg.

966 **Eléonore Madelaine Thérèse**, *fille de Philippe Guillaume de Palatinat,*
femme de *Léopold I d'Autriche* 1689. *Ducat d'Augsbourg.* ✻ ELEONORA.
MAG.TERES.C.P.R.B.I.C.E.M.D.ROM.IMP^X Buste drapé,
à gauche. Rev. Buste lauré et cuirassé de l'empereur **Léopold I**, à
droite LEOPOLDVS.AVG.—IMP.CAESAR.P.F. 1689. Forst. 384.
Or. Très beau.
Voir la reproduction.

967 **Louis Antoine** de **Palatinat-Neubourg** *(coadjutor de l'Ordre teutonique*
1679, inthronis. 1685; *évêque de Mayence, de Cologne, de Liège; mort en 1694).*
1694. ¼ *Thaler* sur sa mort +LUD.ANT.ADM.PR.T.O.M.M.
E.(piscopus) W.(ormatiensis) P.E.C.E.M.(oguntinus) C.(omes) P.(ala-
tinus) R.(heni) B.(avariae) I.C.&M.(ontium) D(ux) ETC. Armoiries
rondes. Rev. — —NAT.9.IUN.—.1660.EL.COADI — M.MAGIS-
TERY.—16.XBR.1679.INTHR.—15.JAN.1685.DEF.—4MAY.
1694.—GEN. Sch. R. 5027. Dudik n. 277. Arg. t.b.c. Fort rare.

968 **Jean Guillaume.** ⅓ Taler 1710. Tête à cheveux courts et 1715. Tête
à cheveux longs (2 var.) Arg. 3 ps. 1 p. belle. 2 ps. b.c.

969 **Charles Philippe** 1727. 20 *Kreuzer.* Armoiries et valeur. 1728. *Kreuzer.*
Monogramme et lion. Arg. t.b.c. et Beau. 2 ps.

Palatinat *(Branche électorale à Sulzbach).*

970 **Charles Théodore** 1750. *Ducat* à l'ordre de St. Hubert. D : G .
CAR . TH . — C . P . R . S . R . I . A . T & EL. Son buste à dr.; dessous S.
Rev. L'ordre de St. Hubert; en haut 17 – 50; en bas A . K. Exter I 489,
Soothe 573. **Or.** Superbe.

971 **Charles Théodore** 1780. **Ducat en or de l'Isar.** CAR . THEODOR .
D . G . C . P . R . V . B . D . S . R . I . A . & EL . D . I . C . & M. Tête à dr.;
dessous ST. Rev. EX AURO ISARAE . — MDCCLXXX. Le Dieu Isar
assis. **Or.** Superbe et rare.
Voir la reproduction.

Palatinat.

972 **Jean I** 1569 – 1604. *Gros* de 1593 et 1603 Armoiries. Rev. Double
aigle. $\frac{1}{2}$ *Batzen* 1592. Arg. 3 ps. t.b.c.

973 **Jean II** (Junior) 1621. *Kipperzwölfer.* *IOHAN . D . G . CO . PA . RHE .
DV . BA . CO . VE . ET . SP Buste à dr. Rev. ✿ VERBVM . DOMINI .
MANET . IN . ÆTERNV Armoiries à 5 quartiers, accostées de 16 — Z1
et au-dessus (1Z). Exter II 53. Arg. Beau.

---

974 1063. **Palatinat-Sulzbach. Charles Théodore** 1769. *10 Kreutzer.*
Buste et armoiries. — **Palatinat-Simmern. Richard** 1584. ½ *Batzen.*
Palatinat-Neubourg. Wolfgang Wilhelm 1625. ½ *Batzen.* Armoiries et globe crucigère. **Palatinat-Veldenz. George Jean.** ½ *Batzen*
1576 et 89. Arg. 5 ps. b.c.

975 **Palatinat—Élect. Philippe I** 1476 – 1508. *Oberpfälzer Hohlpfennig*
3 écussons; au-dessus P. **Palatinat-Bipont. Jean le Vieux** 1569-1604.
Hohlpfennig avec . I . (2 ps.) et I P au-dessus de 3 écussons. **George
Gustave de Lautereck** 1592 – 1634. *Hohlpfennig* avec GGP au-dessus
de l'écu écartelé (2 ps.). et avec . GP . au-dessus de l'écu à 5 quartiers
(2 ps.) Arg. 8 ps.

976 1530. **Susanne de Palatinat** (fille d'Albert IV de Bavière; née en 1507,
femme d'Otton-Henri; mort en 1543). Son buste à dr., les cheveux
retroussés, couvert d'un chapeau bas, le champ pointillé. SVSANNA .
CO . PALA . RHE . DVCISS — BAIO . ZC . ANNO . XXVIII . NA.
(légende gravée). Revers. ✿ IMAGO ALBERTI DVRERI AE — TATIS
SVÆ LVI. (lég. gravé). Son buste à dr. 37 mm.
Médaillon composé de deux médailles unifaces en cuivre argenté, liées par
un anneau avec œillet. Travail postérieur.

977 **Philippe Gaspar Pfannenstiel,** homme d'Etat palatin, né à Weyden,
conseiller de l'évêque de Bamberg, mort en 1735. Son buste à dr.
par Vestner. Rev. Légende. Etain nnm. 40. Belle.

978 1697. Médaillon généalogique de l'empereur **Léopold d'Autriche** et
de l'impératrice **Éleonore Madelaine Thérèse de Palatinat,** aux
bustes en médaillons de leurs ancêtres. STATE PALATINÆ etc.
Belle méd. par *Hautsch* et *Nürnberger.* Br. mm. 80. Superbe. Coin
brisé.

Quedlinbourg (Abbaye).

979 **Béatrice II de Winzenburg** 1138—1150. *Bractéate*. L'abbesse assise portant fleur de lis et livre, accostée de deux bustes de chanoinesses. Freckleber Fund n. 57a. Arg t.b.c. Rare.

980 *Bractéate*. L'abesse assise portant fleur de lis, entre deux tours ; à ses pieds, deux bustes. Cappe pl. III. n. 30. Arg. mm. 30. t.b.c.—b.c. 2 var.

981 **Osterlindis** 1231—33. *Bractéate* à bord large. L'abbesse assise tenant sceptre et rameau. Comparez v. Posern Klett pl. XVII. 10. Arg. mm. 42. b.c.

Randerode (Randerath) Seigneurie.

982 **Arnaud III** 1364—1390. *Gros tournois* ✠ TVRONV . S . CIVIS. Rev. petit lion *à queue fourchue* BNCICTV : etc.; lég. intérieure ✠ ARNOID' DNS RAN. Var. de v. d. Chijs pl. XV. 2, de Cat. Buchenau n. 1072. Arg. t.b.c. Rare.

983 — *Gros* (Imitation des gros de Guillaume II de Berg) ARNOL-DVS : DNS : RANDENROI. Ecusson aux armoiries écartelées, dans un cartouche à huit lobes. Rev. BNDICTV: etc.; lég. intérieure, petit écusson MONETA : MOVA Croix. Manque à v. d. Chijs, Farina, Buchenau e. a. Cat. Saurma n. 2034 (Mk. 72.-) Arg. t.b.c. Fort rare.
Voir la reproduction.

Ratisbonne (Evêché).

984 **Pancratius Sinzenheim** 1546 *Thaler* ✠ PANGRACIVS EPISCO RATISBONENSIS. Deux écussons surmontés d'une mitre et d'une crosse. Rev. ○ CAROLVS IMPE . V . CATHOLICVS. Double aigle impériale. Madai 837. Schulth. 4727 note. Arg. t.b.c. Rare.

Ravensberg.

985 **Guillaume V** *duc de Juliers, Clèves et Berg, comte de Mark et Ravensberg* (1539—1592) s.d. *Thaler* au buste cuirassé, à g., portant bonnet. IN ○ DEO ○ SPES ○ MEA ○ GVILHELMVS ○ D ○ G (tige) Rev. Armoiries à 5 quartiers (tige) DVX ○ IVL ○ CLIV ○ ET ○ BERG ○ COM ○ MAR ○ RA (vensberg) Cat. Schulth. 4018. Arg. t.b.c.—b.c.

986 1621. *XII Heller*. Armoiries. Rev. Valeur. Ae. t.b.c.

987 **Friedrich Wilhelm** 1640—1688. s.d *II Mariengroschen*. Armoiries et valeur. Cat. Kilisch v. Horn 1965. Arg. t.b.c.

988 1666, 67. *II Mariengroschen* pareils. Arg. t.b.c. 2 ps.

989 s.d. *Körtling* (Sechsheller, ¼ Mariengr.) Armoiries. Rev. Globe crucigère, avec 6. Billon. 2 ps. var. t.b.c.

Ravestein (Seigneurie en Brabant).

990 **Jean II** (Junior) *comte de Palatinat, seigneur de Ravestein.* 1623. *Thaler* au buste à dr. *IOHAN . D . G . CO . PAL . RHE . DVC . BA . IVL . CLI . ET . MON. Rev. Armoiries à 10 quartiers et à cinq heaumes. * CO . VEL . SPO . MAR . ET : RAV . — DO . IN . RAVENS . (tein) 1623. Arg. t.b.c. Rare.

991 **Ernest de Saxe-Gotha** *seigneur de Ravestein.* 1675. *Thaler* large
sur sa mort. DG : ERNESTUS SAX . JUL . CLIV . ET MONTIUM DUX.
Son buste cuirassé, à dr. Rev. NATUS etc.: lég. en 9 lignes, entouré
de 19 écussons aux armoiries de Saxe, Clèves, Mark, Ravensberg,
Ravestein. etc. Lég. ext. LANDG : THUR : MARCH : MISN : PRINC.
HEN COM : MAR : & RAV : (ensberg) DYNAST . IN RAVEN : (stein).
Tentzel 63.2. Madai 3995. Arg. Très beau. Rare.
Voir la reproduction.

Reckheim (Seigneurie).

992 **Louis de Stein**, *seigneur de Diepenbeek et de Reckheim.* — 1355.
Billon imitation d'une monnaie de Louis de Crécy de Flandre
✠ M . . . ℰIITA × IIℰ . . . ƆAI Dans le champ, la lettre I. Rev.
LVƆ — ꓛOM — MI . . . — ƆRI Croix coupant la légende. b.c.
Inédit.

993 **Henri de Diepenbeek** 1355?—1397. ⅛ *Botdraeger* (type de cette
monnaie de Jean de Megen) . . . Ɔℰ . R . . . Lion assis. Rev.
. . . A — RO . . . Croix coupant la légende ; dans les cantons, les
lettres I₎(enricus), — B(aro), — A — Ɔ(iepenbeek). Billon. b.c. *Inédit.*

994 **Guillaume I de Sombreffe** 1397—1400. *Billon (Imitation d'une monnaie
de Charles II de Lorraine*, de Saulcy pl. IX n. 15) GVILℎℰLMVS —
Ɔℰ ⚹ SOMBℰR' ⚹ Epée, la pointe en bas, recouverte d'un écusson
à 3 rosaces. Rev. MORℰT — A ⚹ ROVA — ⚹ Ɔℰ ⚹ Rℰ —
ꓛℎℎℰ' ⚹ Croix coupant la légende, cantonnée d'alérions et de
barbeaux ; v. d. Chijs pl. XXV. 3. Beau. Extr. rare.
Voir la reproduction.

995 Courte noire ✠GWIL . . . MIR ⚘ Ɔℰ Ecu au lion. Rev. ✠ MOR ⚘
ROVA ⚘ (F)ACI . . . R ⚘ R. Croix, ayant en cœur G. Variété de
v. d. Chijs. pl. XXV. 4. t.b.c. Fort rare.

996 **Guillaume II de Sombreffe** 1400—1442. *Billon inédit.* ✠ GVL-
Lℰ̇LMVS ○ Ɔℰ ○ SOMROI Rosace comme sur les monnaies
de Guillaume de Broich et de Jean de Megen. Rev. MOR — R . . . . —
. . . . . . — (R ?)ℰIℎ Croix coupant la légende ; dans les cantons, les
lettres. R—ℰ—ꓛ—Ḱ' b.c.—a.b.c. Extr. rare.

997 *Demi-griffon* (Imitation du demi-griffon de **Jean de Bavière, évêque
de Liège**). ✠ WILℎℰLMVS : Ɔℰ SOMBRET Griffon assis
tenant écu de Sombreffe. Rev. ✠ MOR — ℰTA : R — OVA .
R — ℰꓘℰM. Croix coupant la légende et des encadrements lobés ;
sur le tout, petit écu de Sombreffe. Manque à v. d. Chijs. Variété de
Vte de Jonghe. Revue Belge 1897. pl. I n. 2. Arg. b.c. Fort rare.

998 ¼ *Gros* (Vlieger). ⚘ WILℎℰL ⚹ Ɔℰ ⚹ SOMℰRI Ecusson aux
armoiries de Sombreffe: en haut et des deux côtés, une rosette. Rev.
MOR — ℰTA — ROV — Rℰꓘ Croix coupant la légende,
chargée d'une aigle. Variété de v. d. Ch. pl. XXVI. 15. Arg. t.b.c.

999 ¼ *Gros* pareil. Rev. MOR — ℰTA Arg. t.b.c.—b.c.

1000 **Guillaume II de Sombreffe**, suite. *Tourelle* (Torentje). (Imitation des petites tourelles d'**Aix la Chapelle**). WILH D - - Œ . SOMB. Deux tourelles; au-dessous, une aigle. Rev. ✠ MONETA . DŒ : REKŒ. Croix. v. d. Ch. pl. XXXIII n. 1. Arg. Billon. t.b.c.

1001 *Tourelle*, variété avec REKŒM. Billon, b.c.

1002 *Billon noir*. Ecusson de Sombreffe. Rev. Croix. v. d. Chijs pl. XXV. 7. t.b.c. et b c. 3 ps.

1003 *Liard* ✠ GVILLM — . Œ . SOMB Ecu de Sombreffe, incliné, devant un arbre. Rev. ✠ MONETA : NOV . . . REKŒ Croix; dans 2 cantons, petit écu de Sombreffe. v. d. Chijs pl. XXV. 8. Billon. t.b.c.—b.c.

1004 *Billon noir* IVLHŒLMVS ○ DŒ : SOM . . . Armoiries écartelées (v. d. Chijs pl. XXVI. 28). Rev. MON . . . NOV — REK Croix coupant la légende; dans les 2d et 3me, un lion (v. d. Ch. pl. XXVI. 27) t.b.c. *Inédit.*

1005 *Billon noir* pareil ✠ IVLH . LMVS : DŒ . . . F (v. d. Chijs pl. XXVI. 28). Rev. MOI — Œ . . . — NOV — REI (v. d. Chijs pl. XXVI. 31) t.b.c.—b.c. *Inédit.*

1006 *Billon noir* (Imitation d'une mite de **Philippe le Bon, duc de Brabant, pour Louvain**; de Witte n. 496) . . . MVS ⦂ DŒ ⦂ REIHŒ Armoiries de Philippe le Bon. Rev. . . . ON — ŒTA N — VA ⦂ R — Œ . . . Croix coupant la légende; en coeur, petit écu de Louvain. Manque à v. d. Chijs. Revue Belge 1882, pl. XXII. 22. b.c. Rare.

1007 *Billon noir* ✠ GVILHLMS : DŒ : SOMBR Armoiries écartelées; en surtout, petit écu de Sombreffe. Rev. ✠ MONETA : DŒ : REHŒH : M Croix, ayant en coeur, la lettre R; v. d. Chijs pl. XXVI. 34. Beau.

1008 *Obole*. Ecusson aux armoiries Rev. Croix cantonnée des lettres W — Œ — R — B; v. d. Chijs pl. XXVI. 24. Billon. Extr. rare.

1009 *Obole* (Bractéate) Armoiries écartelées; v. d. Chijs pl. XXVI. 25. Arg. t.b.c. Extrêmement rare.

1010 *Billon*. Armoiries écartelées; petit écu au lion en surtout GVILL . . . Rev. Croix; en coeur R Variété de v. d. Chijs pl. XXVII. 38 b.c.

1011 *Billon noir* à l'écusson écartelé remplissant le champ. Rev. Croix pattée, evidée en coeur et chargé d'un Œ. Var. de v. d. Ch. pl. XXVII. 35. b.c.

1012 *Billon noir* pareil ✠ GVILHMS : DŒ SOMBR⦂ Rev. ✠ MONET — DŒ : REKŒM . . . Œ : Var. de v. d. Ch. pl. XXVII. 36. Beau.

1013 *Billon noir* pareil : v. d. Chijs pl. XXVII. 36. 4 ps. variées. b.c.

1014 *Billon noir* ✠ GVILLM — DŒ : SOMB Ecusson incliné de Sombreffe, surmonté d'une branche de feuilles. Rev. ✠ MONETA . NOVA . DŒ : REK' Croix pattée, cantonnée de deux petits écussons de Sombreffe. Var. de v. d. Ch. pl. XXV. 8. Contremarqué d'une double aigle éployée (vraisemblablement à **Aix-la-Chapelle**). *Conservation parfaite.* Rare.

1015 **Guillaume II de Sombreffe,** suite. *Billon.* (Imitation d'un *denier tournois de* **Louis XI, roi de France** 1461—1483) aux deux fleurs de lis dans un cartouche à 3 lobes. Rev. MONETA . NOVA . RE Croix pattée, dans un cartouche à 4 lobes. Comparez v. d. Ch. pl. XXXIII. 5. b.c. Rare.

1016 *Billon* (Imitation de la *maille tournois de* **Louis XI, roi de France** 1461—1483) ✠ GVIL...DE S D R Couronne. Rev. M — OET ... PEI' t.b.c. Extr. rare. Inédite.

1017 *Billon* pareil (Imitation de la *maille tournois de* **Louis XI, roi de France** 1461—83). ✠ GVIL ... SOMB Couronne. Rev. MO — NET — A N — OVR. Croix coupant la légende. Variété de Vte de Jonghe. Revue Belge 1897. pl. 1. 4. t.b.c. Fort rare.

1018 *Billon* noir. (Imitation d'un *Double tournois* de **Charles VII,** roi de France 1422—1461) aux trois fleurs de lis dans un trilobe ; v. d. Ch. pl. XXVII. 45. Variété de Revue Belge 1903. page 323 et *billon* inédit au *lion rampant.* Rev. ⚜ MONETA REIKEM croix pattée, cantonnée de 2 fleurs de lis, b.c.—a.b.c. 2 ps. rares.

Jean de Pierpont *marié à Isabelle, fille de Guillaume de Sombreffe* 1504—12.

1019 *Billon* au type messin IOHANNES : DE R ... Petit écusson. Rev. MO — IIE — ... Croix coupant la légende ; dans les cantons, une étoile. Comparez v. d. Chijs, pl. XXVI. 22. b.c. Rare.

Guillaume de Vlodorp 1556—65.

1020 *Liard* inédit (Imitation d'une monnaie espagnole) Grande fleur de lis, accostée de 4 croissants et de la légende VVIL, (*Wil*). Rev. Château à 3 tours ; au-dessous, un lion. REG — ✳ IMB (Rec(he)im Baronatus Ae. Beau. Extr. rare.
Voir la reproduction.

1021 *Florin d'or* à *St. Pierre* debout : l'écusson des *Vlodorp* à ses pieds. ✿ SANCTVS ✿ — ✿ PETRVS ✿ Rev. MONETA ○ NOVA ○ AVREA ○ RECHE ○ La Madone avec l'Enfant sur un croissant. Var. de v. d. Chijs, pl. XXVII. 49. **Or.** t.b.c.—b.c. Rare.

1022 *Ecu* (Thaler), aux armoiries écartelées, avec un petit écu en surtout et à deux heaumes ; au titre de **Charles-Quint** MO' * NO' * LIB * BARONATVS * IMP' * RECHEIM' Rev. Double aigle impériale CAROL * V * ROMANO * IMPE * SEMPER * AVGVS, Var. de v. d. Ch. pl. XXVII. 50. Comp. Reimm. 5449. Arg. Beau.

1023 *Demi Ecu* au même type MO' * NO' * LIB' * BARONATVS * IMP * RECHEIME. Rev. CAROL * V * ROMANO . IPE (*sic.*) SEMPER . AVGVSTVS. Variété intéressante de v. d. Ch. pl. XXVII. 51. Comp. Reimm. 5450. Arg. t.b.c. Rare.
Voir la reproduction.

1024 *Demi Ecu* pareil. variété. MO * NO * LIB * BARONATVS * IMP * RECHEIME (ME liés). Rev. CAROL * V * ROMANO * IMPE * SEMPER * AVG. b.c. Rare.

Herman de Lynden 1590—1603.

1025 ¹/₆ *Thaler* + MONETA . NOVA . ARGENTEA . D . I . L Lion remplissant
le champ. Rev. La Madone debout. Arg. Av. t.b.c. Rev. usé, petit
morceau ébréché du bord.

1026 ¹/₆ *Thaler* à la Madone SANCTA . MAR — IA . VIRG(O) La Madone
debout, portant l'Enfant Jésus et entourée de rayons. Rev. + MONE(TA)
NOVA . ARGE(NT)EA . D(ominus) . I(n) . L(ynden). Lion rampant avec
queue fourchue. Arg. gr. 4.9. t.b.c. Fort rare.

Ernest de Lynden 1603—1636.

1027 *Pièce de quatre sous*, au titre de l'empereur **Mathias d'Autriche**,
(petit coeur) MO : NO : ARG . RECHEIM . IIII . ST Ecu écartelé au 1:
la croix de *Lynden*; au 2 (effacé comme Wolters n. 35); au 3 : les trois
taons de van *Steenberghe*, au 4 (comme Wolters no. 35) Rev. MATH .
I . D . G . ROM . IMP . SEMP . AVGV. Double aigle impériale. Wolters 35.
Arg. b c.
    Voir la reproduction.
      Cette monnaie est vraisemblablement l'exemplaire reproduit par Wolters ; les
armoiries du 4me canton, y sont reproduites exactement (voir l'article de
M. le Vte de Jonghe Revue Belge 1894).

1028 *Pièce de quatre sous*, pareille (petit coeur) MO : NO : ARG : RECHEIM :
IIII ST Ecu écartelé au 1: la croix de *Lynden*; au 2: de gueules semé
de billettes d'or; au lion du même, armé et lampassé d'azur (*Halmale*)
au 3: les trois taons de van *Steenberghe*; au 4: (comme Wolters n. 35);
écartelé 1 et 4 à trois chevrons d'argent (*v. d. Werve*), 2 et 3 ?; en
surtout, *l'écu de van der Werve*. Rev. MAT ... DG . ROM . IMP . SEMP .
AVG(V)S. Double aigle impériale. Ar. t.b.c. Extr. rare.
    Voir la reproduction.
      Cette pièce complète la monnaie précédente ; les armoiries du 2d quartier
(Halmale) sont très bien visibles.

1029 *Pièce de 4 Sous* (petit coeur) ERNESTVS . DE . L(Y)NDEN . LI.
Armoiries (Revue Belge 1894 pl. V. 2) Rev. BARON . IMPERI . IN .
RECH . IIII . ST. Double aigle impériale. Var. de Wolters n. 38. Arg. b.c.

1030 *Pièce de 4 Sous*, pareille; même type, variété inédite au titre de l'em-
pereur **Ferdinand II** . ERNESTVS . DE . LYNDEN . LI Rev. FE(RD)I-
NAN(D) II . D . G . RO . IM . S . AV Double aigle impériale. Arg. t.b.c.
Inédite. Fort rare.
    Voir la reproduction.

    Pièce de 4 Sous MO NOVA — ARG — ORDINE O(rdine) L(iberi)
B(aronatus) R(echeimensis). Armoiries écartelées et couronnées. Rev.
NISI . TV DOMINE . NOBISCVM . EPVS. Double aigle impériale.
Revue Belge 1890 page 512. Arg. Belle. Extrêmement rare.
    Voir la reproduction.

1032 *Pièce de 4 Sous* pareille MO . NOVA — ARG — ORDINE — C(omitatis)
L(ynden) E(t) R(eckheim). Armoiries comme sur la monnaie précédente
Rev. NISI TV DOMINE . NOBISCVM EPV. Double aigle impériale.
Comparez Revue Belge 1890, page 512. Arg. t.b.c. petit trou.
    Voir la reproduction.

1033 *Pièce de 4 Sous* MO NOVA (petit écu) ARG (petit écu) ORDINE
(petit écu) S(enatus) P(opulus) O(ue) R(echeimensis). Armoiries
couronnées comme sur la pièce précédente Rev. MATHI . I . D .
G ELEC RO . IMP . SEM AVGV Double aigle impériale. Comparez pour
l'avers Revue Belge 1890. page 511. Billon t.b.c. petit trou. *Inédite* et
fort rare.
    Voir la reproduction.

1034 **Ernest de Lynden**, suite. *Pièce de 4 Sous* ou *¹/₁₂ Ecu (Rixdaler)*
MONET — A * NO — UA * AR — GENTIA. Ecusson couronné, aux
armoiries écartelées : 1 à la croix de Jérusalem, 2 au lion de Reckheim,
3 aux lions de Gueldre, 4 palé de 5 pièces. Rev. SUB * UMBRA *
ALARUM * TUARUM. Double aigle impériale, ayant en cœur, globe
avec 12. Arg. Belle. *Inédite.* Extr. rare.
Voir la reproduction.

1035 *Pièce de 4 Sous* ou *¹/₁₂ Ecu* MONET — NOVA — ARG . PRI — NC .
LIN(den). Ecusson couronné, à l'aigle (Aspremont). Rev. SUB *
UMBRA * ALARUM * TUARUM. Double aigle impériale ; au cœur,
globe avec 12. Arg. t.b.c. *Inédite.* Fort rare.
Voir la reproduction.

1036 *Pièce de 4 Sous.* MONETA * NOVA * ARGEN * L . (inden). Ecusson
ornementé et couronné, aux armoiries écartelées : 1 aux lions de
Gueldre ; 2 palé de 3 pièces ; 3 à la croix de *Lynden* ; 4 au lion de
Reckheim. Rev. VERBVM . DOMINI . MANET . IN . ETERNVM.
Double aigle impériale. Arg. t.b.c. *Inédite.* Extr. rare.
Voir la reproduction.

1037 *Pièce de 4 Sous* ou *¹/₁₂ Ecu* MONET — NOUA — ARG . PR — INC * LIN
Ecusson couronné aux armoiries écartelées. 1 aigle (Aspremont) ;
2 lion à gauche (Reckheim) ; 3 au lion à droit ; 4 au château. Rev.
SUB * UMBRA * ALARVM * TUARUM Double aigle impériale ; en
cœur, globe avec 12. Arg. Belle. *Inédite.* Extr. rare.
Voir la reproduction.

1038 1619. *Pièce de 4 Sous* ou *¹/₁₂ Ecu.* Armoiries comme sur la pièce
précédente MONE . N — OVA . A — RG . PRI — NC . LI(inden) 1619.
Rev. SUB . UMBRA . ALARUM . TUARUM * * Double aigle impériale ;
en cœur, globe avec 1 . Z. Arg. Belle. *Inédite.* Extr. rare.
Voir la reproduction.

1039 *Peerdeken* (Imitation de cette monnaie de *Ruremonde* v. d. Ch. pl. VI. 9).
SA(NC)TVS (GEORGI)VS PATRONVS. Cavalier galopant à droite,
tenant un sabre ; à l'exergue R(E)H(M). Rev. MONE — TA . NO —
RECH — ... Sur une croix coupant la légende, écusson parti à deux
lions debout, le champ du 2d canton billeté. Revue Belge 1869 pl. XV. 9.
Arg. b.c. Extrêmement rare.

1040 *Double Sou* (Imitation des doubles sous de *Herman Frédéric de Stevensweert, type de Metz*). S S PETRV — M . PATRO (petite main) Le Saint
nimbé, agenouillé à g. entre deux petits écus. Rev. petit écu de
Lynden. SIT . NOMEN etc., Lég. intérieure E . (rnestus) C . (omes) . —
D . (e) R . (eckheim) — . Z . (2) ST(uveri) SW (Stevensweert). Croix
traversant les légendes et cantonnée de 4 étoiles. Revue Belge
1852. pl. XV. 6. Arg. t.b.c. — b.c. petit trou. Rare.

1041 *Stüber* (Sol) (*Imitation de ceux de Clèves*) E . C . ASPRE ... NT . REC.
Armoiries couronnées entre I—S. Rev. DE ... — PROT — ECTO —
NOST. Croix coupant la légende, au centre une rosace. Vte de Jonghe
Revue Belge 1893 page 484 n. 2. Billon t.b.c.

1042 *Sol* pareil . E C . A ... MONT . REC. Rev, (DE)VS — PROT — ECTO
— NOS. Billon t.b.c.

1043 *Stüber* pareil, type du n. 1 Revue Belge 1893 page 482. 2 ps. variées.
Usées.

1044 **Ernest de Lynden**, suite. s.d *Oort* (Liard), au buste du comte à gauche ERNESTVS . DE . LYNDEN . LIBER. Rev. Armoiries couronnées BARO IMPERIALIS . IN . RECHEIM. Wolters 40. et var. RAIKEVM. Ae. t.b.c. et b.c. 3 var.

1045 *Oort* (Liard) type de Wolters 42. Ecusson mi-parti Rev. Trois écussons. Ae. b.c.

Ferdinand d'Aspremont Lynden 1636--65.

1046 *Sol* (Imitation du sol brabançon de **Philippe IV**), aux armoiries de *Lynden, Aspremont, Boesichem, Reckheim* et *Este*. Droit de Vte de Jonghe. Revue Belge, page 230. n. 3. Rev. Wolters n. 44. Billon t.b.c.

1047 *Sol* pareil. Billon b.c.

1048 *Liard.* (Imitation des liards de **Ferdinand de Bavière**, *évéque de Liége*) aux titres de Ferdinand et Elisabeth. (comparez le n. 1050). Armoiries couronnées. Rev. Perron accosté de F . R. et surmonté d'une couronne. Var. de Wolters 51. Ae. t.b.c.—b.c.

1049 *Liard.* (Imitation des *Oortjes de Frise*). Le seigneur Ferdinand en buste couvert d'un bonnet. Wolters 72. Ae. t.b.c—b.c.

1050 1641. *Liard* au titres de **Ferdinand** et **Elisabeth**. Armoiries. Rev. Trois écussons. Wolters 47. Ae. b.c.
      Le comte Ferdinand de Lynden, épousa **Elisabeth**, *fille du comte* **Egon de Fürstenberg**.

1051 1641. *Oort* (Liard) type de Wolters 47. Armoiries couronnées, entre 16 — 41. Rev. • . FERDIN . CO — CHEM. Trois écussons. Ae. b.c.

1052 1641. *Oort* au buste couronné, à dr. F(E)RD . D . G . ROM . IMP. Rev. . BARO . D — . Armoiries couronnées, entre 16 — 41. Revue Belge. 1853. pl. XX. 9. (cet exemplaire). Ae. b.c. Rare.

1053 1657. *Oort* (Liard) au buste (*Imitation de ceux de Zélande*). MONETA . NOVA . COMITIS . ASP. Buste à dr. Rev. DEVS . PROTECTOR . NO . 16 — 57. Ecu couronnée de la Zélande. Variété de Wolters n. 65. Ae. t.b.c.

1054 1657. *Oort* pareil et autre avec ... . A . NOVA . COMITIS . AS . L . Rev. DINAND . LEVS . PROTECTOR . NO . 16. Ae. t.b.c.—b.c. 2 ps.

1055 Gigot (Demi-liard). Imitation d'un demi-liard de **Ferdinand de Bavière**, *évêque de Liége* ... D . B . R . S. Ecusson écartelé aux armoiries de Lynden, de Montmorency, de Gouffier et de Reckheim; en surtout, Aspremont. Rev. Trois écussons aux armoiries de Lynden, de Gouffier et de Reckheim, le dernier accosté de X — II. (12 Sols). Variété inédite de Wolters 46. Ae. t.b.c.—b.c.

1056 *Gigot* pareil. MON . NO . DE . REC Ecusson couronné, chargé d'une bande à losanges. Rev. Trois écussons Lynden, Gouffier et Reckheim comme sur le gigot précédent, l'écu au lion de Reckheim, accosté de X — (II). Var inédite de Wolters n. 50. Ae. b.c. 2 ps. var.

1057 *Dute* (Demi-liard) (*Imitation de celle de Frise*) MO . NO CO . RECHÆM. Ecu couronné de la Frise. Rev. ·:· TRAM — . REC . — KVM dans une couronne de feuilles. Ae. t.b.c. Inédite. Rare.

1058 **Ferdinand de Lynden**, suite. *Dute.* (Imitation d'une dute de *Frise*) FERDINAN.DVS.C(O)IT... Écu couronné. Rev. FER — DIN — 1626 dans une couronne de fleurs. Type de Wolters 54. **Date fautive.** Ae. t.b.c. Inédite.

1059 *Dutes.* (Imitation des dutes de Frise, armoiries à deux lions), type de Wolters 73, dates 1621 avec FRI.—.CIR. (2 variétés), autre variété avec *croix de Lynden* au-dessous de l'écusson ; autre de 1632 et de 1633 avec .FRI.—.SA: Ae. 5 ps. t.b.c. et b.c.

1060 *Dutes.* (Imitation des dutes de Frise) de 1621, 31, 33, 42 et quelques à dates incertaines, avec FRI — CIR. Type de Wolters 73. Ae. 9 ps. var. t.b.c. et b c.

1061 *Dutes.* (Imitations aux armoiries frisonnes) avec FRI — CIR de 1642. (2 var.) 1653, 1655, 1661 ? ; type Wolters 73. Ae. t.b.c. et b.c. 6 ps.

1062 s.d. *Dute* pareille sans date, avec FRI — CIR dans une couronne de fleurs. Ae. b.c. Inédit.

1063 s.d. *Dute* à l'écusson au lion de Reckheim, couronné, et entouré de palmes. Rev. FRI — CIA — R (Ferdinand Comes in Aspremont Reckheim), type de Wolters 77 o Ae. t.b.c. 5 ps. var.

1064 s.d. *Dute.* (Imitation des dutes de Frise), à l'écusson accosté de palmes. Rev. FRI — CIA — R. Wolters 77. Ae. t.b.c. 3 ps. variées.

1065 s.d. *Dute* pareille, à l'écusson ornementé, entouré de branches. Rev. FRI — CIA — R. Droit de Wolters 76. Rev. de W. 78. Ae. 3 ps. t b.c.

1066 s.d. *Dute* (Imitation des dutes de Frise), à l'écusson ornementé ; type du droit de Wolters 76 et du revers n. 78. Ae. 2 ps b.c.

1067 *Dute*, avec FRI — CIA — R. Wolters n. 78. Ae. t.b.c.

1068 *Dute.* (Imitation servile d'un sou de Frise au faisceau de flèches) Droit Faisceau de flèches entre 1 — S. Rev. FRI — .SIA.160.3. Ae. t.b.c. Inédite.

1069 *Dute* à l'écusson d'Utrecht. (Imitation des dutes d'Utrecht), avec .I — N.—.REC.—.KVM —.. Comparez Wolters 55. Ae. b.c. Rare.

1070 *Dute* (Imitation d'Utrecht), à l'aigle dans les armoiries. Rev. (I)N.— REC — KVM. Revue Belge 1870. pl. X. 11. Ae. b.c. Rare.

1071 *Dutes* (Imitations des dutes d'Utrecht), avec TRA.—REC.—HEM et TRAM —.REC—HEM. Wolters 57, 58. Ae. 9 ps. t.b.c. et b.c.

1072 *Dutes* aux armoiries écartelées. (Imitations des dutes d'Utrecht), avec TRAREC (4 ps. variées) Wolters 60, et avec (T)RARECVI et la date 168(1), type Wolters 61. Ae. 5 ps. t.b.c.

1073 *Dutes* pareilles. Wolters 57, 60. Ae. b.c. 4 ps.

1074 *Dute.* Droit, l'écusson d'Utrecht, comme Wolters 59. Rev. Dans une couronne WEST — FRILE 1660. Ae. t.b.c. Inédit. Rare.

1075 *Dute* (Imitation d'Utrecht) Écu d'Utrecht Rev. .FRAN — E.G.Lv — R.M. Wolters 59. Ae. t.b.c. 2 var. Rares.

1076 *Dute* (Imitation de celles de **Deventer**). Droit. Écu à l'aigle. Rev. DA — ETR — TRIA ; autre avec DA — TRE — IEA. Ae. t.b.c. 2 ps.

1077 *Dute* pareille et autre variété DA — T(RE) — DRIA. Ae. b.c. 2 ps.

1078 *Dute.* (Imitation de celles de **Maestricht**) avec TRAN – MOESA — .A.R. (Wolters 75), autre avec TRA — ·|· MOS — .A.R. Ae. t.b.c. 2 ps.

1079 *Dute* pareille (Wolters 75) et variété + . TRA — NSMOSA — . A . R.
Ae. t.b.c. 2 ps.

1080 *Dute.* Ecu couronné au lion de Reckheim. Rev. CICVB — R. Ae. t.b.c.
Inédit. Rare.

1081 Lot de *Liards* et *Dutes.* Ae. conservation inférieure 20 ps. (de Reckheim
et 2 dutes de Batenbourg).

1082 **Reckheim** (ville) Dépot de mendicité 1841. 5 *Centimes.* Monnaie
fictive. Cuivre t.b.c.

1083 **Remagen, Otton III**, empereur 983—1002. *Denier.* Dannenbg. 431.
Arg. a.b c. fêlé.

1084 Trois médailles portatives de pèlerinage, au St. Apollinaire debout.
Rev. L'église. 2 var. Laiton. F.d.c.

1085 **Reuss-Greiz. Henri III** 1753. $^1/_{21}$ *Taler.* Armoiries et valeur. Ar. F.d.c.

1086 **Rheda** (comté). **Maurice** (1625—1674). 1669 *III Pfennige.* Lion à g.
Rev. Valeur. Ae. b.c.

Rhinberg.

1087 1601. **Prise de Rhinberg par le prince Maurice d'Orange**, sur
le commandant espagnol **Louis Bernardo d'Avila**. ❀ HOSTIS .
DIRA . MINITANS . BERGA . PELLITVR . M . D . C I. Plan de la
forteresse. Rev. IRATO NVMINE . NIL IWANT . VNDIQ . COLLEC-
TÆ . VIRES. Le prince Maurice debout sur une colline, entre un
tambour et un trompette; à ses pieds, l'armée. Bizot p. 82, pl. 37 n. 1.
Type du jeton v. Loon I. 538—542. n. 1. Etain. 55 mm. t.b.c. Rare.

1088 — La même médaille coulée en laiton. 57 mm. Belle.

1089 1601. **Prise de Rhinberg et siège d'Ostende.** Vue de la ville de
Rhinberg. Rev. Vue d'Ostende avec son port. v. Loon I. 560—544.
Dugn. 3521. Ae. t.b.c. et b.c. 2 var.

1090 1633. **Prise de Rhinberg et de Maestricht, par le prince
Frédéric-Henri.** Son buste en médaillon, de face, tourné à dr.; en
bas, vue de la ville de Rhinberg. RYN — BERCK — 16 — 33. Rev.
TRAIECT AD MOSA — RECEPT — 1632. v. Loon II. éd. holl. 211
éd. fr. 208. Méd. Ill. 1. page 264 n. 57. Belle médaille coulée en cuivre.

1091 1672. **Prise de Rhinberg, Orsoy, Burik et Wesel, par le prince
de Condé.** Méd. au buste de Louis XIV, par Mauger. Rev. URBES IIII
SIMUL EXPUG — En exergue ORSOVIA RHIMBERGA — BURI-
CHIUM WESALIA . M . DC . LXXII. v. Loon III éd. holl. page 55.
éd. fr. page 50. Br. mm. 41. Belle.

Roermond (Ruremonde).

1092 **Edouard de Gueldre** *comme Jonkheer* 1350—1361. *Gros fr. à Roermond*
✠ EDEWARDVS ' . DE ❀ GELRENS ' ❀ Ecusson incliné,
surmonté d'un heaume avec cimier. Rev. ✠ BNDICTV : etc.;
lég. int. ✠ MONETA ❀ RVERMVN'. v. d. Chijs pl. IV. 2.
Farina n. 1714. Arg. Beau.
   Voir la reproduction.

1093 **Guillaume I** *après la succession en Juliers* 1393—1402. *Gros de Roermond*
à l'écusson heaumé ; v. d. Ch. pl. VIII. 7. Arg. b.c. (le bord rogné).

1094 **Charles II d'Egmond** *duc de Gueldre et de Juliers, comte de Zutphen*
1492—1538. *Snaphaan* (¼ Thaler) frappé à *Roermond* KA — ROL' ⊛
DV✶ ⊛ GELR' ⊛ IVL' — CO' ⊛ 5 V' Le duc à cheval à dr.;
à l'exergue, *petit écu de Roermond* entre ⊛ G -- I ⊛ Rev. L'écu de
Gueldre sur une croix fleuronnée. Variété de v. d. Ch. pl. XVIII. 42
avec IVDIC — IA ⚜ Arg. Beau. *Jolie monnaie.*

1095 **Roermond** (Ville) XVIme siècle. s.d. *Heller* uniface à l'écusson aux
armoiries ; dessus, RV. Arg. Extr. rare. b.c.

1096 **Epoque de Charles V.** s.d. XVIme siècle. ½ *Stuiver* (Demi-sou)
Armoiries de la ville en plein champ. Rev. Croix fleuronnée. v. d. Ch.
pl. VI. 1. Arg. fruste. Rare.

1097 *Stuiver* (Sou) ou *alde braspenninck* ✚ MONETA ✷ NOVA ⚜ RVRE-
MVNDENS. Lion rampant, à g. Rev. EQVI — IVDI — TVA × D —
OMI Croix coupant la légende, cantonnée de deux fleurs de lis et de
deux lions ; v. d. Ch. pl. VI. 2. Arg. t.b.c.—b.c. Très rare.

1098 *Sou* pareil. Arg. t.b.c. troué.

1099 **Epoque de Philippe II** 1555—81. *Sou* au lion passant, au titre de
Philippe II ⚜ PHS . D : G . HISP . REX (petit lion) . DVX GEL : ⊙
Rev. MONE — NOVA — RVRE — MVND. Croix coupant la légende,
cantonnée de 2 lions et de 2 fleurs de lis ; v. d. Ch. pl. VI. 6. Arg.
t.b.c.—b.c. Rare.

1100 *Sou* pareil; variété, cercle intérieur du revers non perlé. Arg. b.c.

1101 *Oortstuiver* (¼ Sou) au même type et au titre de Philippe II ; v. d. Ch.
pl. VI. 7. Arg. b.c.—a.b.c. Extr. rare.

1102 *Peerdeken* frappé à Roermond, au titre de *Philippe II.* PHS . D . G .
HISP . R . BX : DV✶ . C — BL Cavalier à dr., à l'exergue RVRM.
Rev. EQVITA — IVDICI — A . TVA — DOMIN L'écu de
Gueldre, sur une croix coupant la légende. v. d. Chijs, pl. VI. 9.
Arg. b.c. Fort rare.

1103 s.d. *Peerdeken* aux titres *d'Albert et Isabelle.* ALB . ET . ELISAB .
ARCH . DV . D — GEL Cavalier à dr. ; à l'exergue : RVRM. Rev.
ÆQVITA — etc. L'écu de Gueldre, sur une croix coupant la
légende. Comparez Cat. Teyler : Coll. Roest page 261, n. 1. Arg. b.c.
Très rare.

1104 — *Même pièce.* Variété de gravure. Billon. b.c. Rare.

1105 — *Même pièce.* Variété avec ARCH . D . G — E — L. Arg. b.c.—a.b.c.

1106 **Sous les archiducs Albert et Isabelle** (1598—1621). 1617. *Peerdeken*
ou *Stooter* valant 2½ sous. ÆQVI IVDICIA . TVA. Cavalier à dr.,
au-dessous du cheval, la date 1617; à l'exergue : RVRM. Rev. MONETA —
(NOVA RV) — RMVND — ENSIS · ⚜ Ecu de Gueldre, posé sur une
croix traversant la légende. Revue Belge 1848, pl. XXI. 7. Arg.
t.b.c. Rare.

1107 Même pièce. Arg. b.c.

1108 Même pièce, variété. Arg. b.c. Rare.

1109 s.d. *Sou* au titre des archiducs ALBE — (R)TVS — ET . EL — ISAB Croix coupant la légende, cantonnée de deux lions et de deux fleurs de lis. Rev. ✠ D . G . AR . . . . AVS . DVC . GEL Lion rampant, à g. Revue Belge 1848, pl. XXI. 7. Arg. b.c. Fort rare.

1110 1606. *Oort* (Double Dute) ALBERTVS . ET . ELISAB . D . G Écusson couronné, des archiducs. accosté de deux points. Rev. ✠ ARCHI-DVCES . AVST . DVC . GELD. Croix de Bourgogne; au centre, l'écu de Roermond; en haut, couronne; dans le champ, la date 1606. Type Verk. pl. 18.5. Ae. t.b.c.Date rare.

1111 — *Oort* pareil, variété avec GELDR Ae. t.b.c.

1112 — *Oort* pareil. var. DVCES . GELDRI. Ae. b.c. Rare.

1113 1607. *Oort* pareil. 2 variétés avec GELD et GELDR. Revue Belge 1850 page 86 n. 2. Verkade pl. 18. 5. Ae. t.b.c., t.b.c. (troué) et b.c. 3 ps.

1114 — *Oort* pareil et 1611. *Oort* pareil avec ELISA. Rev. GEL Ae. t b.c. 2 ps.

1115 1608. *Oort* pareil avec ELISA et au revers GELD Ae Beau.

1116 — *Oort* pareil; variété avec ELISAB. et au revers GED. Variété intéressante. Ae. Beau.

1117 — *Oort* pareil; 3me variété avec GEL. Ae. t.b.c. b.c.

1118 1609. *Oort*. . ALBERTVS . ET . ELISA . G . D . (au lieu de D . G .). Rev. DVC . GELD Ae. Beau.

1119 — *Oort* pareil; avec ELIS . D . G . Rev. GEL Ae. Beau.

1120 1609 et 1610. *Oorts* pareils; avec ELISA. Rev. GEL et GELD Ae. t.b.c. 2 ps.

1121 1608 et 1609. (5 ps.) *Oorts* pareils, variétés. Ae. b.c. 6 ps.

1122 1610. *Oorts* pareils. 6 ps. variées. Ae. b.c.

1123 1611. *Oorts*. 4 ps. var. Ae. b.c.

1124 s.d. *Essais du droit et du revers d'une dute.* ✠ ALB . ET . ELIS . D . G . ARCHID . AVST . D . GEL. Croix. Revers. L'écu couronné de Roermond sur une croix de Bourgogne, entre R — M. Frappés sur flans carrés. Étain. Inédite.

1125 1606, 1608, 1610. *Dutes.* Armoiries couronnées. Rev. Écu de Roermond; au-dessus, la date. Ae. b.c. et a.b.c. 4 ps.

1126 **Philippe IV** 1621—1665. s d. *Dute.* Écu couronné de Gueldre. Rev. P — . DG . D — GEL — RLE — petit écu de Roermond. Arg. t.b.c.—b.c. Rare.

1127 s.d. *Dute* pareille. Variété Rev. . P . — DG . DV . — GEL — RIÆ — petit écu de Roermond. Verkade, pl. 18. 6. Ae. t.b.c.

1128 s.d. *Dute* aux armoiries couronnées, de l'Espagne. Rev. Écu de Roermond, sur une croix de Bourgogne; dans le champ, R — M ou R : — : M. Ae. b.c. 2 ps.

1129 1633? et 1635. *Dute*. Écu couronné de Gueldre. Rev. Écu de Roermond; au-dessus: RVRM —; au-dessous, la date. Ae. b.c. 2 ps.

1130 **Charles II d'Espagne.** s.d. *Dute* CAR . I . i . D . G . HISP . REX. Armoiries couronnées. Rev. Écu de Roermond, sur une croix de Bourgogne; dans le champ, R. — M. Ae. t b.c.

1131 s.d. *Date* pareille variété avec cercle intérieur; au revers, grènetis. Ae. b.c.

1132 s.d. *Date* pareille, cercle intérieur, gravure soignée. Ae. t.b.c.—b.c.

1133 s.d. *Date* pareille, variété de gravure.

1134 s.d. *Date* pareille variéte, CAR II D — HIS PR (en monogr.) EX. Rev. L'écu de Roermond, entre R — M. Ae. b.c.

1135 Lot intéressant de 15 *dutes* pareilles, presque toutes variées. Ae. t.b.c. et b.c.

1136 1678 et 1679. *Dute.* Armoiries couronnées, de l'Espagne. Rev. Écu de Roermond; dans le champ, R — M et la date. Ae. t.b.c. 2 ps.

1137 Lot de dutes de Philippe IV (2 ps.) de Charles II (5 ps.) et *liard* de Thorn. Ae. b.c. 8 ps.

1138 s.d. Deux petites médailles de pélerinage *kapel in 't zand te Roermond.* Rev. Miraculeus Beeld van O. L. Vrouw. Laiton 2 ps. var.

1139 **Rolandseck.** *10 Pfennig.* Marque de l'Hôtel Rolandseck. Ae. b.c.

1140 **Rotterdam** 1786. *Commune luthérienne.* Méreau de Sainte-Cène ✪ CHRISTI ✪ REGNUM. Couronne et branches de palmier. Rev. ✪ CANDORE ✪ PERENNIS. Cygne, entre la date 17—86. Plomb. mm. 31. t.b.c.

1141 *Méreau* de Sainte-Cène. CHRISTI ✪ REGNVM. Couronne et palmes. Plomb. 24 mm. Uniface.

Rummen (Seigneurie).

1142 **Arnold d'Oreye** 1363—67. *Gros au lion* ✠ MONETA ⸎RUMEN'. v. d. Ch. pl. XXIII n. 4. Arg. b c.

1143 **Jean de Wezemael** 1415—1464. *Billon* à l'écu aux trois fleurs de lis et au lambel ✠ IOHAN . DE . VVESEMA Rev. ✠ MONETA . DE . RVMME Croix. v. d. Chijs pl. XXIV. 3. Beau.

1144 *Billon* pareil b.c.

Russon (Seigneurie).

1145 **Jean de Louvain,** *seigneur de Herstal et de Russon* (1285—1309). *Gros au châtel* ✠ MONETA RVTHES châtel; le tout dans un entourage de 12 tréfeuilles. Rev. Au centre, croix pattée, entourée d'une double légende. Lég. intér.: ✠ IOHS DE LOVANIO Lég. ext. ✠ BHDICTV : etc. IHV XI (sic.) Variété de v. d. Ch. pl. I n. 1. Arg. Beau et fort rare.
   Voir la reproduction.

Sayn (Comté).

1146 **Jean III** 1357—1403. *Gros tournois* TVRONVS . CIVIS Châtel. Bordure de 12 fleurs de lis. Rev. Croix pattée, entouré d'une double légende. Lég. intér.: ✠ IOHAN' (Couronne) COMES Grote III pl. 4. 6. Arg. Beau. Rare.

1147 (Ville). 1860. Kath. Gesellen-Verein. Métal blanc. Belle.

1118 **Schönau** (Seigneurie) *Johann Gottfried v. Blanche.* 1755. *4 Heller.* Ae. t.b.c.

Schoonvorst et Sichem (Seigneuries).

1149 **Rénaud I.** 1358—1419. ¼ *Gros.* ✠ RENARD × DE SCOVORST Écusson aux armoiries. Rev. MON — (ETA) — SCOV — ORST. Croix coupant la légende, cantonnée de quatre fois trois globules. v. d. Chijs. pl. XXIX. n. 9. Cat. v. Saurma. n. 1984. Isenbeck n. 1331. Arg. t.b.c.—b c. Rare.

1150 ¼ *Gros* pareil. Arg. b.c. fêlé. Rare.

1151 **Rénaud II** 1391—1419. *Gros* (Turnos-Groschen) 1322? ✠ RENARD : DNS: DE: SCHOVORST ꝫ SICH Armoiries dans un trilobe. Rev. ANNO D — OMINI — M : CCC ×× — × . . . I Lég. intér.: MON — ETA — SCOV — ORST. Croix coupant les légendes. Variété de v. d. Chijs. pl. XXVIII. 3 et XXIX. 6. Comparez Farina. n. 1802. Arg. t.b.c.—b.c. Rare.

1152 **Sittard.** Petites médailles de pèlerinage. Laiton 4 ps. variées. t.b.c.

1153 **Soest.** *XII Pfennige* 1594 b.c. troué. *II Pfennige.* s.d. et de 1620 et *III Pfennige* de 1739. t.b.c. Ae. 4 ps. b.c. et t.b.c.

Spire (Évêché).

1154 **Lothair Frédéric de Metternich-Burscheid** 1665. *Sortengulden.* Buste à dr. Rev. ☙ PR.EPOSITVS WEIS(60) ENBVRGENS: 1665 м'X' ꜰ Armoiries. Arg. t.b.c.—b.c.

Stavelot (Abbaye).

1155 XIIme siècle. *Denier.* ... HACV ... Tête de l'évêque Rémacle? à dr.; devant, crosse. Rev. Bâtiment à 3 tours. Arg. b.c. Inédit. b.c.

1156 **Christophe de Manderscheid** 1567. *Demi-Ecu.* Armoiries heaumées. Rev. Double aigle. Arg. a.b.c.

1157 1570. *Ecu* au buste de l'empereur Maximilien II. Rev. Armoiries. Arg. b.c.

1158 1573, 74. *Oort.* Armoiries. Rev. Croix; dans les cantons, la date. Ae. b.c.—a.b.c. 2 ps.

1159 **Ferdinand de Bavière** 1612—1650. *Oort.* Armoiries. Rev. F.B sous une couronne. Ae. 4 ps. variées. b.c. et a.b.c.

Staveren (Ville).

1160 **Brunon III,** *comte de Frise* 1038—1057. *Denier* fr. à *Staveren.* ✠ HEN-RICVS RE Tête couronnée du roi romain, à dr.; devant, sceptre crucigère. Rev. BRVN entre deux lignes striées; lég. circulaire rétrograde commençant en haut à dr. HVRE — VATS. Manque à v. d. Chijs. Arg. t.b.c. Rare.

1161 **Egbert II.** 1038— 1090. *Denier* fr. à *Staveren* (type goslarien) ✸ VEGB (ER) TVꝗ V Tête couronnée, de face. Rev. VꝏTA ... RONL. Les têtes des apôtres Simon et Jude. Var. de v. d. Ch. pl. III. 10. Arg. b.c. Rare.

1162 *Denier* pareil. ✠ IEGB(E)RTV(S)I Tête couronnée, de face. Rev.
✠ VSTAVƏR(O)N. Têtes des apôtres. Comparez v. d. Ch. pl. III. 7.
Arg. Beau, mais petit morceau ébréché.

Stevensweerd (Seigneurie).

1163 **Henri** (—1626). 1607. *Liard* (Imitations des liards d'Overijssel) MONE.
NOVA. — ORDI.TR... Buste du comte à g. Rev. SPERAMVS.
MELIORA — 16 — 07. Écu couronné, au lion. Ae. t.b.c. *Inédit.*
Très rare.

> La légende „*Speramus Meliora*", se trouve aussi sur le Peerdeken de Herman-
> Frédéric : voir no. 1165.

1164 **Herman Frédéric de 's-Heerenberg** 1627—31. *Escalin à la rose.*
(Imitation des *Roosschellings* néerlandais). s.d. MONE.NOVA.
ORDIN.TER.I.INSV. — s.(T). Écu couronné, au lion. Rev.
CONCOR — DIA.FOR(T) — DIVISIO — FRAGIL. Croix fleuronnée,
au centre, une rosace. Variété de Serrure, pl. 8. n. 98. Arg. t.b.c.—
b.c. Rare.

1165 *Peerdeken.* (Imitation de la monnaie de *Ruremonde.* Voir le n. 1102).
S : P — E — RAMV ME — LIORA — . Le comte à cheval; en exergue
. S . ST . VV. Rev. MONET — A NOVA — MONT — ENSIS. Écu
couronné, au lion de Berg, sur une croix coupant la légende. Var.
de Serrure n. 99. Arg. t.b.c. Rare.

1166 *Pièce de 5 Gros.* (Imitation de celles de **Metz**). .S.STEPHA.—
PROTH.M (main). Le Saint agenouillé entre deux écus. Rev (petit
écu de Berg). SIT.NOMEN.DNI.BENEDICTVM. Lég. intér : .S.
ST—WER—. V G — ROS. Croix coupant la légende, cantonnée de
4 étoiles. Variété de Serrure n. 103. Arg. t.b.c. Rare.

1166a *Même pièce* variété * S. STE... etc. Arg. b.c. trouée.

1167 *Petermännchen* (Petermannetje). Imitation intéressante du Petermännchen de **Lothair de Metternich**, *archevêque* de **Trèves.**
BEATVS. QVI. (petit écu de Stevensweerd). TI.DOMINVM. St.
Pierre debout. Rev. .MONETA.NOV(A).ARGENTEA. Armoiries
écartelées 1 et 4 **Lynden**, 2 et 3 **Culemborg.** Manque à Verkade,
de Voogt, Serrure. Comparez Revue Belge 1852, pl. VII. n. 9. Billon.
t.b.c. Extrêmement rare.
> *Voir la reproduction.*

1168 *Dute.* Écu couronné. Rev. S . ST . — WERTE — CVSA. Var. de
Serrure 105. Ae. b.c.

1169 *Dute;* type de Serrure n. 107, avec SST—INSV—.LA. 6 variétés
intéressantes. Ae. t.b.c. et b.c.

Steyn (Seigneurie).

1170 **Arnaud VIII de Looz**, *seigneur de Steyn.* 1280—1328. *Billon* au grand
Ц (Imitation de ceux de de Louis Crécy de Flandre) MOꞐꞒTꝸ...
Rev. Croix coupant la légende ✠ ꝸR... — STꞒ b.c. a.b.c. Inédit.

Strasbourg.

1171 **Sous les Mérovingiens.** *Tiers-de-sou d'or* Profile barbare, à droite.
Rev. Petite figure de face, les bras étendus, dans un cercle perlé.
Or. b.c. Fort rare.

1172 *Tiers-de-sou d'or* pareil, variété. **Or.** t.b.c.—b.c. Fort rare.

1173 *Sous les Carolingiens.* **Louis de Germanie** (908—906) *Denier*
II LVDOVVICVS PIVS Croix. Rev. ARGEHTI — NA CVITAS en
deux lignes. Engel et Lehr page 154 n. 31. Arg. t.b.c.—b.c.

1174 (Évêché) **Henri I** 1180—90. *Denier.* Évêque de face, tenant crosse et
évangile. Rev. Château. Menadier page 46. n. 3b. Arg. 3 ps. var. Belles.

1175 **Jean de Manderscheid** (15)89. *2 Kreutzer.* **Charles de Lorraine**
1604. *3 Kreuzer.* Armoiries et double aigle. impériale. Arg. 2 ps. t.b.c.

1176 **Jean, comte de Manderscheid-Blankenstein, évêque de Strasbourg** (1569—1592) IOAN.DcG._―――.―.ARG.EP. Buste à droite,
avec manteau à collet droit, et barrette. Rev. AL — LAN.1 — 569.
Armoiries heaumées. Engel et Lehr n. 225. Cat. Schulth.-Rechb.
n. 2782 (.R) Plomb. mm. 84. Beau, petit trou. Rare.
   Voir la reproduction.
      Cette médaille me paraît être l'œuvre du médailleur renommé Jacques
   Jonghelinck. Anvers 1531—1606.

Strasbourg (Ville).

1177 *Pfenning au lis* (Bractéate). Engel et Lehr, pl. XXXII. n. 11. (6 ps.
var.), n. 25 (2 var.), n. 28 (troué). Arg. 10 ps.

1178 s.d. *Vierer.* E.L. pl. XXXII. 39. *Kreuzer;* type E.L. pl. XXXIII.5.
et var. du n. 7, et type no. 18. Arg. 4 ps. b.c.

1179 s.d. *Florin d'or* ⚙ AVREVS.VRBIS.ARGENTINAE.NVMMVS.
Le globe crucigère, dans un contour tréflé. Rev. VRBEM.CHRISTE.
(petit écu de la ville). TVAM.SERVA: La Vierge et l'Enfant, assise.
Type E. et L. n. 425. Reimm. 960. **Or.** t.b.c. Rare.

1180 1592. *Thaler obsidional de 80 Kreuzer,* fr. par **George de Brandebourg,** administrateur de l'évêché. Trois écussons dans une couronne;
en haut: 15—9Z; en bas: 80. Schulth. 4797. E. et L. 448. Mailliet
pl. CII. n. 1. Arg. t.b.c. Rare.

Stolberg.

1181 **Louis** 1546. *Thaler fr. à Francfort,* au titre de l'empereur **Charles V.**
⚜ LVDOVIC ✳ CO ✳ I ✳ STOL ✳ KONIG ✳ Z ✳ RVPEFORT. Armoi-
ries parties, de Stolberg-Wernigerode et de Königstein sur une croix
fleuronnée; dans les cantons, les armoiries de *Eppstein-Münzenberg,
Rochefort, Mark* et *Aiguemont.* Rev. ✳CAROLVS✳ V ✱ ROMANO✳
IMPE ✳ AV ✳ 46✳. Double aigle impériale portant en coeur l'écu
d'Autriche-Castille; dessous, l'écu à l'aigle de Francfort. Comparez
Madai 4397. Reimm. 5648. Knyph. 9904. Arg. Beau et rare.

Thienes (Seigneurie).

1182 **Ferdinand de Lynden,** *seigneur de Reckheim* (1636—1665) 1641 *Liard*
FERDINANDV — G.RO.IMP. Buste couronné, à g. (Comparez
Wolters 53) Rev. (B)ARO...OPS.THIEN. Ecusson aux armoiries de
Lynden, Montmorency, Gouffier, Reckheim, entre 16—41 (Comparez
Wolters n. 47) Revue Belge 1852 pl. V n. 9 (Cet exemplaire; ancienne
collection de M. le Comte de Robiano). Ae. b c. Fort rare.

Thionville (Luxembourg).

1183 1643. **Prise de Thionville** par les troupes françaises avec l'assistance des Hollandais. Tête jeune de Louis XIV, à dr., par Mauger. Rev. La Victoire et plan des fortifications. En exergue THEODONIS VILLA EXPUGNATA. Var. de v. Loon II éd. holl. page 274, éd. fr. 266 n. 1, sans le nom de la ville dans le champ. Br. mm. 41. Belle.

Thorn (Abbaye). *Chapitre impérial de Chanoinesses.*

1184 **Marguerite IV de Bréderode** (1531—1577) s.d. *Angelot* (Imitation de ceux de l'Angleterre) SANCTVS × MICHAEL × ARCHAИ-GEL — St. Michel terrassant le monstre. Rev. MOИETA ИOVA × AVREA × THOREИSIS Navire; au grand mât, l'écusson écartelé aux quatre lions; au-dessus, M(argaretha) B(rederode), v. d. Chijs, pl. XVII. 7. **Or.** Beau et rare.
Voir la reproduction.

1185 1563. *Ecu de 30 Sous.* MARGARE * D * BREDROD * AB * FVND * SE * THOREN Ecusson écartelé aux 4 lions, suspendu au heaume et accosté de 15—63. Rev. pomme de grenade DENARIVS * NOVVS * TRIGINTA * STVFERORVM. Aigle impériale. Variété de v. d. Chijs pl. XVIII n. 18, de Wolters n. 12. Arg. Beau.

1186 1563. *Ecu* pareil, variété avec AB' * FVND' * SE' * THOREN' Arg. t.b.c.

1187 1563. *Ecu* pareil, variété avec D' * BREDROD * AB * FVND * SE * THORENS L'écusson *non* suspendu au heaume. Type v. d. Ch. pl. XVIII, 17. Arg. Beau. Rare.

1188 1563. *Ecu* pareil, autre variété avec STVFERORVM * Arg. Beau. Rare.

1189 1563. *Ecu* pareil, *variété intéressante.* MARGA * D BREDROD * AB * FVND * SE * THORENSIS Arg. t.b.c.

1190 s.d. *Demi-écu.* MARGA' * D * BREDROD * AB * FVND' * SE' * THOREN Armoiries heaumées. Rev. Pomme de Grenade DENARIVS * NOVVS * QVINDECIM * STVFERORVM Aigle impériale. Var. de v. d. Ch. pl. XVIII. 15. Arg. t.b.c. Fort rare.

1191 1569. *Ecu au titre de l'empereur Maximilien.* MO : LIB — IMPERIAL — FVNDAT . IN — THORE Armoiries aux quatre lions, accostées de M — DB; au-dessus, la Madone avec l'Enfant, accostée de 15 — 69. Dans la légende trois écussons. Rev. . MAXIMILIA . II . ROMA . IMP . SEM . AVGVS . Double aigle impériale. Var. de v. d. Ch. pl. XVIII no. 21. Arg. t.b.c.

1192 *Ecu* pareil, variété intéressante THOREN . Rev. & MAXIMILIA . et SEM . AV Arg. Beau et rare.

1193 *Ecu* pareil, variété FVNDAT . IN * — THORE Rev. AVGVS. v. d. Ch. pl. XXXII. 6. Arg. t.b.c.

1194 1570. *Ecu* pareil MO : LI — . IMPERIA — FVNDAT . IN — THORE Rev. & MAXIMILIA * II * ROMA * IM * SEM * AV * Var. de v. d. Ch. pl. XIX. 23. Arg. Beau. Rare.

1195 1570. *Demi-écu* au même type, v. d. Ch. pl. XXXI. 2. Arg. t.b.c. Rare.

1196 s.d. *Quart de Thaler à la Madone.* — MAR * D * I * B * AB * D * WER *
FRI * S * THORE Lion rampant à gauche. Rev. NA * LVTIC * BET5L —
SCROT * V * KOR La Madone avec l'Enfant Jésus debout entouré
de rayons. v. d. Ch. pl. XXXII. n. S. Arg. Beau. Fort rare.
Voir la reproduction.
 La légende partiellement en hollandais ou bas-allemand se lit „Margaretha
Domina in Brederode Abdis des wereltlicken Frien Stifts Thoren — Na Luties
Betzl Schroot en Koorn (suivant l'aloi et le poids des monnaies de Liège).

1197 s.d. *Quart d'écu au lion et à la double aigle impériale.* * lambel MOИETA .
ИOVA . THOEREИSIS Lion rampant à gauche. Rev. FERDI.
ИAИDVS . ROM . IMP . SE . AV Double aigle impériale. v. d. Ch.
pl. XIX. 27. Arg. Beau. Très rare.
Voir la reproduction.

1198 s.d. *Quart d'écu* pareil, variété de gravure, le lambel coupe le cercle
intérieur; un point au-dessous de la queue de la double aigle
impériale. Arg. b.c. Rare.

1199 s.d. *Quart d'écu* + MAR * D * I * B * AB * D * WER * FRI * S *
THOREN Lion rampant à g., un lambel au-dessus de la téte. Rev.
NA * LVTIC * BET5L * SCROT * VN * KORN Double aigle impériale
v. d. Ch. pl. XIX n. 29. Arg. b.c. Extr. rare.

1200 1561 *Groschen* MARG — D. BRED — ABDIS — THORE Sur une croix
coupant la légende l'écu aux quatre lions; au-dessus, la date 15 — 61
Rev. FERDI * D * G * ROMNO * IMPERAT Double aigle impériale,
ayant au coeur globe crucigère. Variété inédite de v. d. Ch. pl. XIX. 31.
Arg. t.b.c. Fort rare.

1201 s.d. *Gros* (Groschen) ✠ MONETA ❀ NOVA ❀ ARGENTEA ❀ TO
Ecusson au lion à droite, le tout dans un trilobe. Rev. FERD * D *
G * ROMANO * IMPERATOR Double aigle impériale; en coeur, le
globe crucigère. Ar. t.b.c. petit trou. **Inédit.** Extr. rare.
Voir la reproduction.

1202 s.d. *Dreier.* Ecusson aux 4 lions surmonté d'un T. Rev. Ecusson à l'aigle
surmonté d'un T v. d. Ch. pl. XIX. 33. Wolters n. 19. Billon. b.c.

1203 s.d. *Dreier* pareil. Billon t.b.c.

Anne de la Marck 1604—1631 *Fille de Jean de la Marck et de
Marguerite de Wassenaer.*

1204 *Quatre Sols* ⚊ AN — NA . D : G . AB — IN : THO — REN . CO . D — . M
Armoiries. Rev. . MATHI . I . DG . ELEC . RO . IM . SEM . AV . IV . ST
Double aigle impériale. Variété de Wolters n. 1. Arg. Beau.

1205 *Quatre Sols* pareil, variété avec IV . S. Arg. t.b.c.

1206 *Quatre Sols* pareil b.c.

1207 s.d. 3 *Kreutzer* ⚊ ANNA D . G . — . IN . THOR . C.D.M Trois écussons: *Wassenaer* (trois croissants) *Limbourg* (lion) et de *Schoonhoven*
(3 fleurs de lis) posés en triangle, alternés par des fleurs de lis. Rev.
. MATH . I . ELEC . RO . IM . SEM . AV. Double aigle impériale, ayant
au coeur globe avec .5 Comparez Vte de Jonghe. Revue Belge 1890.
pl. VI n. 4. Arg. t.b.c. Fort rare.
Voir la reproduction.

1208 *Sol* inédit AИИA.C.—.D.THOR. Armoiries entre I—S. Rev. MON —
AR — THO — REN Croix fleuronnée coupant la légende. Arg. b.c. troué.

1209 s.d. *Liard* (Oort). ANNA.DEI.G.ABBA.IN.TH.C.D.M Ecu
couronné. Rev. ✠ SIT.NO.DOMINI.BENEDI Type de Wolters
n. 9. Ae. t.b.c.—b.c.

1210 s.d. *Oort* pareil, variété ABBA.IN.THO:C.DM, et autre avec
ANNA D.MARCK.AB.THO. Wolters n. 9. Ae. t.b.c. et Beau. 2 ps.

1211 s.d. *Oort* pareil avec AB.THO. Ae. b.c. et a.b.c. 3 variétés.

1212 s.d. *Liards* pareils, type de Wolters n. 8. Ae. 8 ps. variées. t.b.c. et b.c.

1213 1614. *Liard*, armoiries à 6 quartiers .ANNA.(D).MARCK.AB.THO
Rev. (SI)T.ИO.DO — MI.—ИI.BEИEDI Croix de Bourgogne;
en surtout, écu de Marck comme sur Wolters n. 6—9, la couronne
ne dépasse pas la légende. Variété intéressante de Wolters n. 5. Ae.
Beau. Rare.

1214 1614. *Liard* aux armoiries écartelées avec petit écu aux 3 fleurs de
lis en surtout, 3 variétés, type de Wolters n. 7. Ae. t.b.c.

1215 s.d. *Dute*. Ecusson couronné dans une couronne de feuilles. Rev.
.✠.— IN.THO — RENCV — SVS dans une couronne de feuilles.
Variété de Wolters n. 10. Ae. t.b.c.

1216 *Dute pareille*, gravure soignée, droit: Ecu couronné de Marck dans
une couronne. Ae. t.b.c. Inédit.

1217 s.d. *Dute* type de Wolters n. 11. .IN.— THORE — CVS autre .IN.
— THORE — CVS. Ae. 5 ps. (2 ps. t.b.c.).

1218 *Dute*. Wolters n. 10 var. Ae. b.c. et a.b.c. 2 var.

Françoise Christine, *fille de Théodore comte palatin de Sultz-
bach et de Marie-Thérèse Amélie de Hesse-Rheinfels-Rotenberg,*
élue **Abbesse à Thorn** en 1717, à **Essen** 1726.

1219 1754. *Ducat* FRANC:CHRIST:D:G:COM:PAL:R:S:R:I:P:
AB(batissa) E:(ssen) & T(horn). Armoiries accostées de la date
17—54 Rev. MACULA NON—EST IN TE. La Madone debout sur
un monstre. Exter I, 476, 455. **Or.** Superbe. Rare.
Voir la reproduction.

1220 s.d. (1767). Médaille sur le Jubilé de 50 ans de Christine Françoise,
comme abbesse de Thorn. FRANC.CHRISTINA.D:G.C.P.R.S.
R.I.P.ABBAT.THORN Son buste à gauche par S(cheuffel). Rev.
FONS SALIENS IN VITAM AETERNAM. Autour d'une fontaine
cinq enfants. En exergue PRIMA NOSTRA — IVBILAEA. Revue
Belge 1847, page 70. Cat. Schulth. 3180. Arg. 41 mm. gr. 29.7. Très
beau. Rare.
Voir la reproduction.

Tiel (Ville).

1221 **Henri II** 1002—1024. *Denier* HꞒIN Tête couronnée de face;
à droite, sceptre. Rev. **V**IEꓱ Croix cantonnée de 4 globules. Arg.
b.c. Inédit.

Tongres (Limbourg).

1222 XVIIme siècle *Notre Dame de Tongres.* Petite méd. de pélerinage
N DAME DE — TONGRE La Madone debout ; dessous, tête d'ange.
Rev. La Sainte Famille debout. Arg. mm. 19/26 avec oeillet.
t.b.c.—b.c.

1223 Petite méd pareille, octogone . N . DAM DE — TONGRE Arg.
19/16 mm. b.c.

1224 Petite méd. semblable. Droit Un Saint agenouillé donnant une couronne
à la Madone ; à l'exergue, des fleurs. Rev. La Sainte Famille assise.
Arg. Ovale, mm. 24/20 t.b.c.

1225 XIXme siècle NOTRE — DAME DE TONGRE. La Madone dans un
dais. Rev. St. JOSEPH — VINCENT A LILLE Cuivre doré. Ovale 25/11 mm.
avec oeillet.

1226 **Toul** (Evêché) **Conrad Probus** (1271—1296) Denier au buste. Rev.
+ TVLLV Croix. Cat. Rob. n. 992 Arg. b.c.

1227 **Trèves** *sous les Carolingiens* **Louis I le Débonnaire** (814—40)·
Denier + HLVDOVVICVS IMP Croix. Rev. TREV — ERIS . ✠ .
Coin de Becker. Arg. Beau.

Trèves (Archevêché).

1228 **Thierry II de Wied** 1212—42. Buste à dr. R — CII Rev. — TVT
Eglise ; dessous, étoile. — **Arnould II d'Isembourg** 1242—60. *Denier*
Buste à dr. Rev. Eglise. 4 ps. — **Henri de Fénestrange** 1260—86.
Denier Buste à dr. Rev. Clef. 3 ps. — **Baudouin de Luxembourg**
1307—54. *Denier* Buste. Rev. Clef et aigle. Arg. 9 ps. b.c.

1229 Lot de 11 deniers. Arg. b.c.

1230 **Conon de Falkenstein** 1362—88 *Florin d'or au St. Jean* . S . IOHĀ —
NNE . S . B . (deux clefs en sautoir) Rev. ꞒONO ˣ ꞀRꞓhIEPS ˣ
ꞀREꞘEREꞂ L'écu de Trèves-Minzenberg dans un trilobe ; au-
dessus, les clefs en sautoir ; les trois lobes accostés de ✠ ✠ Or. Beau.

1231 *Groschen de Coblentz* au St. Pierre sous un baldaquin. Rev. L'écu
de Trèves-Cologne dans un cartouche à 6 lobes. 2 var t.b.c. et t.b.c.
mais le dernier ébréché. *Sterling de Coblentz.* Buste au-dessus de l'écu.
Rev. Croix cantonnée de 4 fois trois globules. t.b.c. *Demi-schilling* de
Trèves. Buste Rev. Deux clefs en sautoir b.c. Ae. 4 ps.

1232 **Werner de Falkenstein** 1388—1418. *Florin d'or au St. Jean* debout
fr. à *Oberwesel* . — WERNERVS . — . ꞀREPVS : TRE .
St. Jean debout ; dessous croix. Rev. ✠ MONETꞀ ˣ NOVꞀ ˣ
WESꞀLIENSIS L'écu de Trèves-Minzenberg entouré de 4 petits
écus : Cologne, Mayence, Palatinat etc. **Or.** Beau.

1233 *Florin d'or au St. Pierre* debout, fr. à *Oberwesel* WERNER' —
ꞀRꞒP'⚘TR' Rev. ✠ MO (face humaine dans l 'O) NETꞀ ❀
NOVꞀ ❀ WESALISENS ❀ L'écu parti de Trèves-Minzenberg
dans un trilobe. **Or.** t.b.c.

1234 **Jean de Bade** 1456—1503. *Schilling de Coblentz* t.b.c. **Raban de Helmstädt** (1430—39). *Hohlpfennig* à l'écu parti de Trèves-Helmstädt; au-dessus: R. **Richard v. Vollraths** (1511—31) 1517 *Schilling*. **Lothaire de Metternich** (1599—1623), 1622. *VI et III Albus* St. Pierre. Rev. Armoiries. s.d. *Petermännchen*, St. Pierre. Rev. armoiries. **Philippe Christophe de Sötern**, *Petermännchen* de 1625, (16)27, 1648, 49 (2 var.) 1651. Arg. 12 ps. b.c.

1235 **Jacques III de Eltz**, (1567—81). 1571. *Thaler* frappé à *Coblentz*. o IACOBVS o D o G o ARC — o TREVE o PR o ELE foudre — o Saint Pierre debout; à ses pieds, armoiries. Rev. * MON * NOV * AR * — * CONFLV * 1571 * Ecusson écartelé, heaumé et timbré. Schulth. 3931. Arg. t.b.c.
   Voir la reproduction.

1236 **Lothaire de Metternich** (1599—1623). 1618. *Florin d'or fr. à Coblentz* LOTH D . G . AR — EP . TREV . PRE. Le Christ assis ; au-dessous, armoiries. Rev. . MO . NO . — . AV . CO — N . 1618 Quatre écussons dans un trilobe. Variété de Schrötter n. 105. **Or.** t.b.c. Rare.
   Voir la reproduction.

1237 **Philippe Christophe v. Sötern** (1623—52) 1645. Médaille sur son rétablissement. Buste jeune de Louis XIV à dr. ; par Mauger. Rev. TUTELAE GALLICAE FIDELITAS. La France debout donnant à l'Electeur, l'écusson de Trèves, une crosse et une épée. En exergue: ELECTOR TREVIRENSIS IN — INTEGRUM REST. Br. mm. 41. Belle.

1238 **Charles Caspar v. d. Leyen** (1652—76). 1659. *Thaler.* ⚜ CAROL CASPAR . DG . ARCHI . EP : TRVIER . PRINC : ELECT . ADM : PRVM Buste de face, tourné à dr. Rev. 'X' CONSTANTER . ET . SINCERE . ANNO . 1659. I . C . B. Armoiries couronnées. Vermeil, trace d'oeillet. t.b.c.—b.c.

1239 *Petermännchen* de 1653, 55, 56, 57, 58 (2 var.) 59, (3 var.) 60, 61, (2 var.) 62, (3 var.) 66, 67, 68, (2 var.) 69, 72, 73, 75, (2 var.) Arg. 24 ps. Belles et t.b.c.

1240 **Jean Hugues de Orsbeck** (1576—1711). *III Petermännchen* de 1692, 93, (2 var.) 94. (3 ps. 2 var.) *Petermännchen* de 1681, 82. 86, 87 et 88 et *IIII Pfennig* de 1683. Ar. 12 ps. t.b.c. et b.c.

1241 **Charles de Lorraine** (1711—15) 1715. *Thaler* sur sa mort. Armoiries ovales, couronnées, sur un manteau d'hermines; en haut: 17 — 15; en bas DOMINUS PROVIDEBIT Rev. Lég. en 15 lignes: CAROLUS — EX DUC : LOTH : & BARR . NAT , VIENN.E 24 . N : 1680. — LEO-POLDI MAG : AUG : — EX SORORE NEPOS — IMVM ORD . MEL : PER CAST : & LEG : — MAGNUS PRIOR — EL : COAD : OLMUC : 14 . S : 1694 . — FACT o EPS : IBIDEM 1695 . — EL : EPS : OSNAB : II . AP : 1698 . — COAD : TREV : 24 SEP : 1710 etc. Schulth. 4023. v. Schröter no 923. Arg. Très beau.
   Voir la reproduction.

1242 1715. *III Petermännchen*. St. Pierre dans les nuages. Rev. Armoiries. Arg. t.b.c.

1243 **Jean Philippe, seigneur de Walderdorff** (1756—58) 1768. ^{1}/$_8$, ^{1}/$_{12}$ et ^{1}/$_{24}$ *Thaler* sur sa mort. Armoiries. Rev. Légende. — **François George, comte de Schönborn-Puchheim-Wolfsthal** 1756. ^{1}/$_{12}$ *Thaler* sur sa mort. Armoiries. Rev. Légende. Arg. gr. 3,3, 2,3 et 1.2. 4 ps. Belles.

1244 Uden (Brabant). *Notre-Dame de Uden*. Méd. de pélerinage ; lég. holl.
Onze Lieve Vrouwe van Uden bid voor ons. Cuivre ovale. mm. 26/19. t.b.c.

1245 Uedem (Prov. rhén.). Médaille portative. „*Kath. Gesellenverein*" par
Kissing. Æ argenté. mm. 21. Belle.

Utrecht (Sous les Mérovingiens).

1246 *Tiers de sou d'or* fr. à *Utrecht* par le monétaire **Adelbertus**.
+ TRIECTO FIT + Buste diadémé, à droite. Rev. AΔELBERTVS H
Croix pattée sur un degré ; en bas, un globe entouré de cinq globules.
Type Belfort no. 4461—63. **Or.** Très beau. Fort rare.
Voir la reproduction.

Utrecht (Evêché).

247 **Bernulphus** (1027—54) *Denier fr. à* **Deventer**. Tête tonsurée, de face.
Rev. Croix pattée, cantonnée de globules. Comparez Dannenberg n.570.
Cpz. v. d. Chijs pl. [n. 1—5. Arg. b.c.

1248 *Denier fr. à Utrecht*. Buste de *Saint Martin* de face tenant crosse et
sceptre crucigère. Rev. muraille de la ville ; au-dessus $\frac{\overline{A}}{ECT}$ Comparez
v. d. Ch. pl. I. 8. Arg. t.b.c.

1249 *Denier fr. à Groningue*, au buste de *St Boniface* — S? x.VI.... Rev.
GRV — °N.IN — CG et légende circulaire finissant EPS. Type
v. d. Ch. pl. II. 19. b.c.

1250 *Denier* pareil, buste et légende dégénéré, cinq globules au-dessus de
l'épaule droite. Au revers dans le champ CC — IIN — IN. Arg. t.b.c.
Rare.

1251 *Denier* pareil, buste de face, deux globules à gauche, trois globules
à droite. Rev. dans le champ CHV — ON.IN — C϶. Arg. t.b.c.

1252 *Denier* pareil avec GRV — o И.IИ — C϶. type v. d. Ch. pl. 11. 20.
Arg. t.b.c.

1253 *Denier* pareil ⚜ DOHIFΛ'CIVS. ΛOCI EPS. Buste de face. Rev.
Dans le champ CHL — ON.IN — C϶. Arg. t.b.c. fêlure.

1254 *Denier à la crosse fr. à Groningue* ⚜ ERIOL x.RASI ; à l'intérieur
crosse en pal ; à l'entour C $\mathrm{A}^{\mathrm{B}\ \mathrm{V}}_{\mathrm{V}\ \mathrm{S}}$L Rev. ⚜ GERO ... $\overline{A}$ ᴗᴗ Croix
cantonnée de 4 globules. Comparez v. d. Ch. pl. II n. 26. Arg. t.b.c.

1255 Guillaume de Pont 1054—1076. *Denier* IIHII. Buste tonsuré de face
tenant crosse et croix, dans le champ à gauche ·· Rev. ⚜ T...
CTV.R. Muraille ; au-dessus $\frac{VS}{ECTR}$ Variété inédite de v. d. Chijs
suppl. pl. XXVII. 1. Comparez cat. Utrecht 1904. n. 2195. Ar. t.b.c. Rare.

1256 *Denier* pareil, dans le champ du revers EC϶. Comparez Menadier
1898 pag. 204, 29c. Arg. b.c.

1257 *Denier fr. à Deventer !* + WINVI...E... Evêque debout à mi-corps,
tenant de la main droite un fanon et de la gauche une croix. Rev.
⚜ VI...EVIN (St. Lébuin?) Buste de l'empereur entre x — Λ·
Arg. t.b.c. **Inédit.**
Voir la reproduction

1258 *Denier* au buste de l'évêque à dr. ; devant lui, crosse ; derrière le buste, annelet ✠ VVIIHEINIVS Rev. Buste couronné de l'empereur de face ✠ HIENRICVS IIE Comparez v. d. Ch. pl. III. 9. Arg. Beau.

1259 *Denier* pareil. Type v. d. Ch. pl. III. 10. Arg. a.b.c.

1260 **Burchard** 1099—1112. *Denier.* CH... Buste à dr.; devant crosse, Rev. ... ЄC Croix cantonnée de 4 étoiles à 8 rais. Comparez v. d. Ch. pl. IV, n. 3. pl. XXVII. 1. Arg. b.c. Rare.

1261 **Herbert** 1139—1150. *Denier* H AI ... Buste à dr. Rev. ...HN. Croix pattée au centre et ayant au coeur, une étoile v. d. Ch. pl. V. 2. Arg. b.c.

1262 *Denier* pareil ✠ H.... Ar. b.c.

1263 **Thierry I van der Aare** 1198—1212. ✠ TЄODЄ-RICVS Buste mitré de l'évêque de face, tenant crosse. Rev. ✠ TRAIЄCTVM Croix cantonnée de deux ⊙ et de deux ɪ Var. de v. d. Ch. pl. VI. 4. Arg. Beau et rare.

1264 **Otton I de Gueldre,** *mainbour d'Utrecht* 1212—1216. *Denier.* ✠ ... ЄOTT Buste à dr., devant glaive en pal. Rev. ... RΛIЄC-TV ... Croix cantonnée de 4 rosaces. Comparez v. d. Ch. pl. VI. n. 1. Arg. b.c. Rare.

1265 *Denier* pareil + HRV ...Rev. H ...HЄI Arg. b.c. Rare.

1266 *Denier* pareil. Buste à dr., devant épée + HGЄ — ... TO Rev. ✠ TDΛVECTOϺ Croix cantonnée de 3 rosaces et d'une étoile (dans le 2me canton) Comparez v. d. Chijs, pl. VI. 2 et 3. Arg. t.b.c.
Variété inédite.

1267 **Willebrand d'Oldenbo urg** 1227—1233. *Denier d'Utrecht* Buste mitré de face + WILL — ND Rev. Croix cantonnée de points, v. d. Ch. pl. VIII. 1. Arg. b.c.

1268 *Obole fr. à Utrecht* au même type, v. d. Ch. pl. VIII. 3. Arg. b.c.— a.b.c. Rare.

1269 *Denier fr. à Deventer.* Tête mitrée de face ...BRANDVS. Rev. + IN DΛVE...Λ Croix à double bande cantonnée de deux étoiles (1r et 4me canton) et de deux annelets (2me et 3me canton) Variété de v. d. Ch. pl. VIII. 4. Arg. t.b.c. Rare.

1270 **Henri I de Vianden** 1236—49. *Denier fr. à Utrecht.* Buste mitré à gauche. Rev. Croix fourchue. **Lot intéressant de 20 ps.** plusieurs variétés. v. d. Ch. pl. IX. 12. 13. 14. Arg. t.b.c. et b.c.

1271 *Denier* pareil. v. d. Ch. pl. IX. 12. Arg. t.b.c.

1272 *Denier fr. à Deventer.* HЄNR — IDVS (sic!). Buste mitré de face, tenant crosse et évangile ; légende commençant à g. en bas. Rev. + D — ΛVЄ — NT — RIΛ Croix à double bande coupant la légende et cantonnée de P — Λ — O — * v. d. Chijs. pl. IX. 8. Arg. t.b.c.

1273 *Denier* pareil, variété —ICVS Rev. IN — DΛ — Croix cantonnée de P — Λ — X — ⅋ Comparez v. d. Ch. pl. VIII. 1. Arg. t.b.c.

1274 *Denier* pareil, variété HЄNR — Rev. * — ☾ * ΛVЄ — (sic!) Croix cantonnée de P — Λ — O — * Var. v. d. Ch. pl. IX no. 9. Arg. t.b.c.

1275 *Denier* pareil, variété inédite IIO — CVA Rev. DATO — RIA Croix
cantonnée de • — P — A — O Arg. t b.c.—b c. Rare.

1276 **Siège Vacant** (1226—28) ou 1267. *Denier fr. à Deventer.* + SMAR
Buste du prévôt de face tenant palme et évangile. Rev. + D...RIA
Croix cantonnée de P — A — X — * v. d. Ch. pl. VIII. 1. Arg.
t.b.c. Rare.

1277 *Denier* pareil. ... ART Rev. DAVEN ... Arg. t.b.c.

1278 *Deniers* pareils. Arg. t.b.c.—b.c. 2 ps.

1279 **Jean d'Arkel** 1324—1364. *Double gros fr. à Utrecht.* ✠IOҺ' ⁚
EPC ⁚ TRA * — * IECTENSIS Buste mitré de face dans
un épicycloïde à 7 lobes; sous le buste, l'écu d'Arkel. Rev.
✠ BNDICTV ⁚ etc. Lég. intérieure : MON — ETA — TRA
— IEC Croix coupant la légende. Var. de v. d. Ch. pl. IX. no. 1.
Arg. Beau.

1280 *Double gros* pareil, variété avec des A dans la légende. Arg.
Beau—t.b.c.

1281 *Double gros* pareil *fr. à* **Deventer.** ✠IOҺ' ⁚ EPC ⁚ TRA * — ⁙
IECTENSIS Buste mitré de face; dessous, l'écu d'Arkel. Rev.
✠ BNDICTV ⁚ etc. Légende intérieure MON — ETA — DAV
— ENT Croix coupant la légende ; dans le 2de canton, petite aigle
de Deventer. v. d. Ch. pl. X. 7. Arg. Beau. Rare.

1282 *Double gros* pareil *fr. à Deventer* ✠IOҺ ⁚ EPC ⁚ TRA —
⁘ IECTENSIS Buste mitré de face, la tête plus grande que
sur la pièce précédente. Rev. Lég. int : MON — ETA — DAV —
ENT Des ⁝ entre les mots de la lég. extérieure, v. d. Ch. pl. X. 9.
Arg. Beau.

1283 *Gros fr. à Deventer* ✠IOҺ' ⁚ EPC ⁚ TRA * — * IECTENSIS
Buste mitré de face; dessous, l'écu d'Arkel. Rev. Lég. ext.
✠ MONETA ⁚ DAVENTRIENSIS Lég. int : I ⁚ N — OI —
E ⁚ D — NI Croix coupant la légende; petite aigle dans le 2me
canton. Var. de v. d. Ch. pl. XXX. Manque à Keer, Stephanik,
Cat d'Utrecht. Arg. Beau Extr. rare.
    Voir la reproduction.

     Le Prof. v. d. Chijs n'a connu qu'un seul exemplaire.

1284 *Demi-gros fr. à Utrecht.* * ✠ IOҺA' * — * NES EPC × Buste
mitré de face ; dessous, l'écu d'Arkel. Rev. ✠ MONETA : TRA
IECTN Croix. Var. de v. d. Ch. pl. X. 12. Arg. b.c. Rare.

1285 *Demi-gros* pareil, variété * ✠ IOҺAN * — * NES × EPC' *
Rev. ✠ MONETA × TRAIECT' Var de v. d. Ch. pl. X. 13.
Manque au cat. Utrecht. Arg. t.b.c. Rare.

1286 **Jean de Virnebourg.** 1364—1371 *Gros fr.* à **Zuilen** ○ MONETA :
EPCS : TRAIECTENSIS ○ L'écu incliné d'Utrecht, heaumé
dans un épicycloïde à 6 lobes. Rev. ✠ BNDICTV : etc. Lég. intér.
MON — INS — VLE — TRA Croix coupant la légende v. d. Ch.
pl. XI. 9. Arg. t.b.c. Extr. rare.
Voir la reproduction.

1287 *Demi-gros* de **Zalland** ✠ IOh × EPI × TR — … NSI Buste
mitré de face; sous le buste, petit écu d'Utrecht. Rev. Lég. ext.:
✠ MON(E)TA ○ DA ○ ?ALA … IA Lég. intér.: I × N — OI —
CO — NI Croix coupant la légende. *Type du Demi-gros de Vollenhoven*
(v. d. Ch. pl. XI. 12) Arg. b.c. **Inédit.** Extr. rare.

1288 **Florent de Wevelinkhoven** 1379—1393. *Florin d'or frappé à*
Deventer FLORENC . — EPS : TRAI' L'évêque à mi-corps
sous un dais gothique; au-dessous, l'écusson de Wevelinkhoven. Rev.
✠ MONETA ○ NOVA ○ DAVENTRIENSIS L'aigle de
Deventer au-dessus de l'écusson de l'Evêché. Var. de v. d. Chijs pl.
XII. 3. Manque au cat. Utrecht. **Or.** Beau. Extr. rare. (Vte Steph.
fl. 46.50 + les frais).
Voir la reproduction.

1289 **Frédéric III de Blankenheim** 1393—1423. *Double gros* de *Deventer*
à l'écusson de Blankenheim incliné et heaumé FREDERIC :
DEI : GRA : EPC : TRAIECTENS' Rev. Lég. ext.:
✠ BENEDICT : QVI : VENI — T : IN : NOMINE . DOMI
Lég. int.: ✠ MONETA ⊛ D — AVENTERE L'aigle de
Deventer au-dessus de l'écusson de l'Evêché. Variété de v. d. Chijs
pl. XIII. 6 (DOMINI) Arg. Beau. Rare.
Pièce intéressante, contremarquée à **Münster** *à la tête de St. Paul.*

1290 *Double gros* pareil de *Hasselt* Rev. aigle portant en coeur, petit écu
Hasselt au-dessus de l'écu de l'Evêché. Lég. int : (lion) MONETA ⊛
D — E ⊛ hASSELE v. d. Ch. pl. XIV. 14. Arg. t.b.c. Rare.
Pièce intéressante, contremarquée à la *roue d'Osnabrück.*

1291 *Double gros* pareil; au-revers ✠ MONETA ⊛ D - E ⊛ hASSELE
v. d. Ch. pl. XIV. 15. Arg. petit trou. t.b.c.

1292 *Double gros* pareil, frappé à **Rhenen.** Rev. Aigle au-dessus de l'écu
de l'Evêché. Lég. interieure: (deux clefs en sautoir) MONETA R —
ENENSIS v. d. Ch. pl. XIV. 20. Manque à Stephanik et Cat.
Utrecht. Arg. b.c. mais fort rare.

1293 *Demi-gros de Deventer* aux deux écussons sous un seul heaume; au
revers, l'aigle de Deventer. v. d. Ca pl. XIV. 13 Arg. b.c.

1294 **Rodolphe de Diepholt.** Evêque 1431—1455. *Florin d'or au St. Martin.*
Au revers, l'écusson de Diepholt sur l'écusson de l'Evêché. v. d. Ch.
pl. XV. I. **Or.** t b.c.—b.c.

1295 *Florin d'or* pareil. Piece fausse du temps en cuivre doré.
Intéressant.

1296 **David de Bourgogne 1456—96.** *Double Harpe d'or („David mitter Harpe").* MEMENTO ⁙ DO — MINE ⁙ DAVID Le roi David assis sur un trône gothique et jouant de la harpe: devant lui, l'écu écartelé d'Utrecht et de Bourgogne. Rev. ✠ DAVID ⁙ DE ⁙ BVRGONDIA ⁙ EPISCOPVS ⁙ TRAIECTEN' Croix fleurdelisée ayant au centre la lettre D et cantonnée des lettres A — V — I — D v. d. Ch. pl. XVI. 2. Manque à Stephanik. **Or,** le coin du revers a un peu tréflé. Beau et rare.

1297 *Double Harpe* pareil, variété avec TRAIECTE' v. d. Ch. pl. XVI. 4. **Or.** Beau.

1298 **Florin d'or au Christ** (Christus gulden). ⁕ . ELIGI × DAV — ID ⁕ SERV × ME' ⁕ Le Christ assis sur un trône gothique; sous ses pieds, l'écu parti d'Utrecht-Bourgogne. Rev. ✠ MO' ⁕ NO' ⁕ AV' × DAVID ⁕ DE ⁕ BVRG ⁙ EPI' ⁕ TR' Croix fleuronnée ayant au coeur petit écu de *Flandre* et cantonnée des écus de *France, Bourgogne, Brabant* et *Limbourg.* v. d. Ch. pl. XVII. 7. (qui l'a reproduit d'après van Mieris) Manque à Stephanik. **Or, Beau. Extr. rare.**
     Voir la reproduction.

1299 *Florin d'or au St. Martin* SANCTVS — MARTIN' (sic!) EPIS L'évêque assis sur un trône gothique; sous ses pieds, l'écu de l'Evêché. Rev. ✠ MON' ⁕ NOVA ⁕ AVREA ⁕ TRAIECTEN' Armoiries de David de Bourgogne dans un trilobe. *Variété intéressante* de v. d. Ch. pl. XVII. 9. **Or.** Belle.

1300 1471. *Double gros (Sou) fr. à Deventer* ✠ MONETA NOVA — DE DAVENTRIA L'écu à l'aigle de Deventer; dessous, petit écu incliné de l'Oversticht. v. d. Ch. pl. XVII. 17. Manque au Musée d'Auxerre. Arg. t.b.c.

1301 1477 et 1478 *Doubles gros* à l'écusson de l'évêque, entouré d'une double lég. Rev. MEM — ETO — DNED — AVID Croix coupant la lég. Bordure de 13 lis; v. d. Ch. pl. XVIII 24 et 26. Arg. t.b.c. 2 ps.

1302 1477 et 78 *Doubles gros* pareils. Arg. b.c. 2 ps.

1303 s.d. *Demi-briquet*: marque mon: (boîte à mèches) MEMENTO ○ DOMINE ○ DAVID Partie antérieure d'un lion. Rev. (boîte à mèches) MON' ○ NOVA ○ EPI ○ TRAIECTEN' Croix fleuronnée ayant au coeur petit écu de l'Evêché; v. d. Ch. pl. XVIII. 31. Manque dans le cat. d'Auxerre. Arg. Beau. Rare.

1304 1487. *Double gros* au grand écusson écartelé d'Utrecht-Bourgogne MONETA — EPISCOPI — TRAIECTE. Rev. Croix coupant la légende; au centre, étoile MEMET — O ⁕ DNE — DAVID — 1487 v. d. Ch. pl. XVIII. 45. Manque à Auxerre. Arg. t.b.c.

1305 s.d. *Demi-gros au St. Martin* assis sous un dais gothique; dessous, petit écu de l'Evêché. Rev. Ecu de David de Bourgogne; au-dessus, étoile. v. d. Ch. pl. XX. 58. Manque aux catologues d'Utrecht et d'Auxerre. Arg. b c.

130ö **Frédéric IV de Bade** 1496—1517. *Florin d'or au St. Jean* ❋ —
IOHANNIE — ⚜ — S BABTISTA ❋ Le Saint debout. Rev.
✠ MO' ❋ FREDERI ❋ DE ❋ BADE ❋ PI' ❋ TRAI L'écu de
Bade sur l'écu de l'Evêché, entouré de quatre écussons de Bade,
Spanheim, Lahr et de l'Evêché. Variété inédite de v. d. Ch. pl. XXI.
Manque à Steph. **Or.** t.b.c.—b.c. Extr. rare.
Voir la reproduction.

C'est bien curieux que le graveur a omis le EC devant PI.

1307 1498. *Double Sou* aux deux écussons inclinés d'Utrecht-Bade et de
Bade sous un seul heaume MONE' ❋ (FR)EDRICI . EPI
TRAIECTEN' Rev. (A)NNO ❋ — .DOMIN' — MCCCC —
(✠C)VIII Croix coupant la légende cantonnée de 4 fleurs de lis ;
v. d. Ch. pl. XXI. 8. Arg. t.b.c. Date rare.

1308 1510. *Double Sou* pareil. v. d. Ch. pl. XXI. 17. Arg. t.b.c.

1309 1510. *Double Sou* pareil. Arg. t.b.c.

1310 **Philippe de Bourgogne** 1517—1524. *Double gros* (Sou) aux armoiries
de Bourgogne remplissant le champ ✠ MONETA . NOVA .
P(HL) EPI . TRAIECTEN' Rev. TV ❋ ES ❋ P — ATIENT
— IA ❋ MEA — DOMIN Croix fleuronnée coupant la légende,
ayant au coeur petit écu de l'Evêché. v. d. Ch. pl. XXII. 4. Arg.
Beau. Rare.

1311 *Pièce de trois mites.* MO × NO × PHI × (EPI T)RA .... EN Dans
le champ, deux casques et $^{P}_{O}{}^{V}$ (Pax vobis omnibus). Rev. IVS —
(T)VS — ESDO — MINE Croix coupant la lég. ayant au centre
petit écu de l'Evêché et cantonnée de 4 annelets. v. d. Ch. pl. XXII. 8.
Manque cat. Auxerre. Ae. t.b.c. Rare.

1312 **Henri II de Bavière** (1524—1528) 1525 et 1527. *Pièce de trois mites.*
HENRICVS ○ ELECTVS ... Ecusson écartelé d'Utrecht-Bavière. Rev.
Croix coupant la lég. et cantonnée de quatre petits lions. v. d. Ch.
pl. XXII. 2 et 3. Ae. t.b.c. 2 ps.

1313 **Utrecht** (ville). Vers 1478. *Denier.* Ecusson de la ville, dans un trilobe. Rev. Croix coupant la légende et cantonnée de 2 rosaces et de
deux étoiles. v. d. Ch. pl. XXV. 2. Arg. b.c. Rare.

1314 1842. **Médaille de circoncision** donnée par L. I. de Beer à Utrecht.
Grande chaise entourée d'une légende hébreue. Rev. Gravé, lég.
hébreue. Dirks 606. Manque au cat. Utrecht. Arg. mm. 40. gr. 14.8.
Belle et rare.

Venlo.

1315 (1539) **Michael Mercator de Venlo**, *créé chevalier par le roi d'Angleterre.* Son portrait à gauche avec bonnet ; par lui même × A REGE
ANGLORVM PRIMA MILITIS CREATI EX VENLO EFFIGIES.
Superbe médaillon uniface en bronze. Revue Belge tome V 1850.
pl. IV no. III. Médallic Illustr. n. 34. Br. mm. 43. Belle méd. coulée
ancienne.
Voir la reproduction.

Michael Mercator, médailleur célèbre, naquit à Venlo en 1491, il travaillait
au cour du roi Henri VIII d'Angleterre et depuis 1539 à Venlo.

1316 **Hubert Goltzius**, peintre, médailleur et graveur, né à *Venlo*, mort en 1583. Son buste à gauche par *Simon*. Br. mm. 46. Belle.

1317 s.d. (vers 1854) „*Archiconfrérie de la Sainte Famille Jésus Marie Joseph*. Trois coeurs Rev. *Ste Famille Patronne et Protectrice de Notre Association*". La Sainte Famille sous un palmier; à l'exergue: „*Nous avons tous recours à Vous*". Méd. de pèlerinage, ovale portative. Ae. mm. 30,41 t.b.c.

1318 Méd. de pèlerinage pareille, à *légendes hollandaises* Trois coeurs. Rev. La Sainte Famille debout. Ae. Belle.

1319 s.d. (vers 1879) Méd. de pèlerinage. La Sainte Famille debout. A l'exergue: A CONIN A PARIS Rev. Légende hollandaise. Ae. mm. 32. Belle.

1320 1839. Venlo rendu au pouvoir du roi des Pays-Bas. Petite méd. par *Wiener*. Dirks 551. Br. mm. 27. Belle.

Venray (Seigneurie).

1321 **Renaud IV de Juliers et de Gueldre** 1402—23. *Touble Gros* de *Venray* ✠ REINALDVS:DE:IVLIA:⅄:GELRIA Ecusson au lion dans un épicycloïde à six lobes. Rev. MONE — TA: NOV — A : VENR — ADENSIS Croix coupant la légende, cantonnée des lettres M — H — E — R; v. d. Ch. pl. IX. 5. Arg. t.b.c.—b.c. Extr. rare.
   Voir la reproduction.

    Les quatre lieux indiqués par les lettres cantonnant la croix sont M(eerlo) H(orst) E(lsteren) et R(obroek) dépendant de la Seignenrie de Venray.

Verden (Abbaye).

1322 **Henri II de Wildenberg** 1360—82. *Gros tournois* TVRONVS ∗ CIVIS Châtel. Bordure de 12 lis. Rev. (Petit écu avec 3 étoiles) BNDICTV : etc. Lég. intér.: ✠ HENRICVS ∗ ABB' Croix. Arg. Beau. Extr. rare.
   Voir la reproduction.

1323 1647. *VIII Heller*. Billon. b.c.

1324 **Verviers**. Chambre rhétorique. Méreau au St. Rémacle debout. Rev. .HOC. VIRTVTIS.EST.PRÆMIVM. Cartouche avec 3 branches de laurier. Ae. t.b.c.

Vianen (Seigneurie).

1325 **Henri II de Brederode** 1556—1568. *Ecu* au buste de **Saint Henri** couronné, à dr ✠ SANCTVS ∗ HENRICVS ∗ IMPERATOR. Rev. ✠ MONE ∗ NO ∗ HENRICI ∗ DO ∗ DE ∗ BRE ∗ LI ∗ D ∗ VY Lion tenant armoiries écartelées de Brederode-Vianen. v. d. Chijs. pl. XL no. 10. Arg. Beau.

1326 *Écu* au buste cuirassé du seigneur, à gauche, tenant un casque
NISI — DOMI — NVS : FR — VSTRA, dans la légende les écussons
de *Bréderode, Neuenar, Schauenburg* et *Mark.* Rev. MONE . N : HE . D —
D — BRE . LI . D . VY Ecusson aux armoiries écartelées de Bréderode,
Vianen et Ameide, à deux heaumes ; au-dessous dans la légende,
deux hures de sanglier. v. d. Chijs. pl. XLI no. 13 Arg. Beau.
> Il y a sur cet écu un grand espace entre NISI et l'écusson de Neuenar comme
> sur le no. 13 de la planche de v. d. Chijs.

1327 *Écu* pareil avec D°. VY et *sans espace* entre NISI et l'écu de Neuenar.
Arg. Beau.

1328 *Ecu* pareil. Arg. t.b.c.

1329 *Écu* pareil. Arg. b.c.

1330 *Écu* pareil au buste cuirassé à gauche, *la cuirasse à décor fleuronné.*
Rev. MONE * NO * HE * D — D — BRÉ * LI * D° * VY. v. d. Ch.,
pl. XLI. n. 17. Arg. t.b.c.

1331 *Écu* pareil. Rev. MONF . NO . HF . D — D — BR . LI . D . VY. v. d. Ch.
pl. XLI. 18. Arg. Beau.

1332 *Demi-écu* au même type. avec *la cuirasse à décor fleuronné.* NISI —
DOMI — NVS : FR — VSTRA Rev. MONE * NO * HE * D — D —
BRF * LI * DVY. Var. de v. d. Ch. pl. XLI, 19. Beau. Extr. rare.
Voir la reproduction.

n. 1333.

1333 *Lira* (Carlino). *Imitation des lire de Bologne.* S PETRVS . APOSTOLVS .
PONT . MAX Buste du Pape dans un riche vêtement ; sur son
épaule *l'écusson de Vianen.* Rev. . II . D . D . BR . L . D . VI . ETSI .
MORTVVS : VRO. Lion de Bréderode avec le *lambel,* tenant un fanon
dans lequel on voit la *hure de sanglier.* Variété de Revue Belge 1866,
pl. X n. 3. Arg. le visage du pape est un peu usé, du reste la pièce
est d'une belle conservation. Extr. rare.
Voir la reproduction.

1334 1566. **Protestations de Henri de Bréderode, seigneur de
Vianen, contre l'Inquisition.** Jeton en argent AGERE . AVT . PATI .
FORTIORA. 1566. Bras tenant épée au milieu des flammes. Rev.
. ET . SI . MORTVVS : VRIT. Hure de sanglier au milieu des flammes ;
au-dessous CALC . VIAN. v. Loon I éd. holl. page 79 éd. fr. page 78.
Dugn. 2438. Arg. t.b.c. Rare.

**1335 Gertrude de Bronckhorst et de Batenbourg, dame de Brederode
et de Vianen**, (Fille de Johanna de Bréderode, soeur et héritière
de Henri de Bréderode), 1577. *Ecu au lion* de 30 sous. ✠ MO . GER .
DE . BRO . ET . BA . LI . DO . VI . TRI . S Armoiries couronnées, écartelées de *Bronckhorst*, *Bréderode* et *Mark*; en surtout, petit écu de
Vianen. Rev. × IN × SPE × ET × SILENIIO × FORTIIVDO × MEA ×
1577. Lion couronné debout. Inconnu à v. d. Chijs et autres. Voir
la brochure des Nouvelles acquisitions du Cabinet Royal de Monnaies
et Médailles, La Haye 1904, page 44. pl. III. Arg. t.b.c. Extr. rare.
2d Exemplaire connu.
Voir la reproduction.

n. 1336.

1336 1577. *Ecu* pareil × MO × GER × DE × BRO × ET × BA × LI × DO × VI ×
TRI × S. Arg. t.b.c. **Unique.**
Voir la reproduction.

    Cette rare monnaie, le seul exemplaire connu, diffère de l'écu précédent; 1°
    par les × entre les mots de l'avers; 2° l'écusson aux armoiries est plus grand
    3° les lions dans le 1er et 3me quartier ont les queues non fourchues et enfin
    la couronne est toute différente.

1337 **Frédéric Adolphe de Lippe-Detmoldt** (1697—1718) *aux titres de
seigneur de Vianen et d'Ameide et de Burgrave d'Utrecht.* 1714. ⅔ *Thaler*
Buste cuirassé, à dr. FRID . ADOLPH . — COM . & . NOB . D . LIPP. Rev.
SVPR . (emus) D . (ominius) VIAN . (ae) & . A — MEID . BVRG (graviae)
H(ereditus) VLTR . (ajectensis). Armoiries ovales à cinq heaumes avec
l'écusson écartelé de *Vianen-Ameide* en surtout; en bas, H—L. Arg. t.b.c.

1338 1715. ⅔ *Thaler* pareil, variété de gravure. Arg. Beau.

1339 1712? ⅓ *Thaler* pareil. Armoiries carrées. Arg. a.b.c. Rare.

1340 1713. ⅓ *Thaler* pareil FRID . ADOLP — COM . & . N . D . LIP. Buste
cuirassé, à dr. Rev. ❀ SVPR . D . VIAN . & . A — MEID . BVRG . H .
VLTR. Armoiries ovales. Arg. Beau.

1341 1713, 1714, 1717. ¹⁄₁₂ *Thaler* Armoiries ovales ou carrées. Rev. Valeur.
Arg. 1 ps. a.b.c. 2 ps. t.b.c.

Simon Auguste de Lippe-Detmold 1734—1782.

1342 1767. *Thaler* sur son 41me anniversaire SIMON AVGVST. COM . &
NOB . D . LIPP . S . (upremus) D . (ominus) V . (ianae) & A(meide)
B(urgraviae) H . (ereditus) VLTR . (ajectensis) Son buste cuirassé à dr.
Signé S . M . N . (Neudorf) Rev. Légende en 7 lignes dans un cartouche
ornementé. Cat. Schulth. 5255. Arg. Beau. Rare.

1343 1765. $^2/_3$ *Thaler.* Buste cuirassé, à dr. Rev. MITESCENTE COELO REDEUNT. Armoiries dans un cartouche Louis XV; en bas . B. — . S. (Bandel et Stürmer). Arg. Très beau.

1344. $^1/_6$ *Thaler* SIM . AVG . COM . & N . D . LIPP . S . D . V . (ianae) & . A . (meide) Tête à dr. Rev. Valeur. Arg. t.b.c. — b.c.

1345 1764 et 1765 (3 variétés) $^1/_{12}$ Thaler. Armoiries Rev. Valeur. Arg. t.b.c. et b.c. 4 ps.

Vieux Joncs (*Commandeurs de l'Ordre teutonique*).

1346 **Iwan de de Cortenbach** 1430—40. *Denier noir* frappé à *Gruytrode*. (Imitation d'un billon de Jean de Bavière, éveque de Liège). IWII ⊛ DE ⊛ C . . . . . . BA . . . Ecusson incliné, surmonté d'une branche de feuilles. Rev. MO . . . A ⚬⚬ DE ⚬⚬ GRVTR(O) Croix cantonnée de deux écussons; v. d. Chijs. pl. XIV. n. 1. Comp Wolters. pl. n. 4. t.b.c. Rare.

1347 *Denier noir* au même type, mais avec écusson écartelé . . . DE ⁚ CO . . . v. d. Ch. pl. XIV. 4. Comp. Wolters. pl. I. n. 6. Ae. b.c. Rare.

1348 *Denier noir* pareil. ✠IWN ✳DE—✳CORTEB Rev. ⚬⚬MONETA ⁚ DE ⚬⚬ GRVTR Var. de v. d. Ch. pl. XIV. 10. Var. de Wolters. pl. I. n. 8. Billon t.b.c. petite ébrèchure, les légendes très bien lisibes.

1349 *Denier noir inédit* frappé à *Gruytrode*. Ecusson incliné, tiercé en fasce, (le chef à *3 croisettes*, la fasce à *une croisette*) et surmontée d'une branche de feuilles. Rev. Croix cantonnée de deux petits écussons de *Cortenbach*. Billon. b.c. Rare.

1350 **Waldeck. George Frédéric, Jean et Volrath** 1653 *II. Mariengroschen.* Palmier. Rev. Valeur. Arg. t.b.c. **Charles Auguste Frédéric** 1740. *VI* et *IIII Pfennige.* Monogr. couronné. Rev. Valeur. Ae. t.b c. et 1758. *IIII Pf.* a.b.c. 2 ps. et une monnaie de *8 Pf.* avec contremarque. Ens. 6 ps.

Wallmoden-Gimborn.

1351 **Louis** 1802. *Florin de convention.* LUDOV . S . R . I . COMES A WALL-MODEN GIMBORN Armoiries couronnés. Rev. MONETA GIMBO RNENSIS — ⊛ XX ⊛ — EINE FEINE — MARK — 1802 — Cat. Schulth. 5794. Arg. Beau.

1352 1802. $^1/_{24}$ *Thaler.* Arg. b.c.

1353 **Warendorf** (ville) 1690. *IIII Pfennige* (4 variétés) et *III Pfennige.* b.c. Ae. 3 ps. t.b.c. 2 ps. b.c. Ens. 5 ps.

Weert.

1354 **Jean de Weert** général pendant la guerre de 30 ans. Son buste de face . IOANNES . DE . WEERT . S . C . M . FERD . III . MILIT. GENERAL . AC . M. Rev. Ses armoiries dans une couronne de laurier; dessous, petit écu de **Cologne.** Vermeil. gr. 31 mm. 39/40. Belle médaille postérieure.

> Jean de Weert naquit en 1594 à *Weert* en Limbourg, fut fait prisonnier dans la bataille de Lauffenburg par le duc **Bernhard de Saxe Weimar** qui lui envoya à **Paris.** Il se maria avec **Gertrude de Gand** et plus tard avec **Marie Susanne de Kulfstein** et mourut en 1652 à **Betanek** en **Bohème.**

1355 La même médaille. Bronze. mm. 39/48. Postérieure. Belle.

1356 1577. *Méreau des drapiers*. Ecusson à armoiries, parti; au-dessus, WEERT. Rev. V et contremarqué d'une navette. Ae. t.b.c. Rare.
Pièce intéressante, frappée sur une monnaie de 1566.

Werden (Abbaye).

1357 **Heinrich IV** 1646—67. *VIII Heller*. Billon. t.b.c. Y ajouté. *Hohl-pfennig*. Ecu parti; au-dessus, étoile. t.b.c.

1358 **Hugo von Assindia** 1614—1646. *Escalin à l'aigle* (Imitation de ceux de Campen et de ceux d'Espagne (Castille-Léon et Arragon) Comparez Grote pl. 14*e* n. 35. Cat. v. Saurma n. 2061. Arg. b.c. Fort rare.

Wesel.

1359 1689. 2 *Sous* Monnaie de nécessité. Armoiries couronnées entre 2—8, au-dessous: 1689. Mailliet pl. CXXIII n. 1. Ae. mm. 29. Uniface. Belle. Rare.

1360 1629. **Prise de Wesel et de Bois-le-Duc.** Le prince Frédéric Henri à cheval à g.; à l'exergue: SILVA DVCIS CAPTA. Rev. Plan des fortifications; dans le champ en haut, WESEL v. Loon II éd. holl. page 180 éd. fr. page 178. Arg. mm. 58. gr. 62.5. Belle et rare.
Voir aussi les nos. 210—211.

1361 s.d. *Invaliden Fonds* I SGR — A . K (Alters-Kasse?) Marque uniface. Ae. 22 mm. trouée. t.b.c.

1362 1900. Jubilé de l'existence de 125 ans de la Loge „*Zum Goldenen Schwerdt*". Méd. dédiée par ·· BENESCH. Br. 37 mm. Hamb. Zirk. Corresp. pl. LX n. 463. Belle.

Westphalie.

1363 **Duché.** *12 Pfennige* 1620 et s.d. le dernier contremarqué de 37. Ae. 2 ps. Belles.

1364 **Royaume. Jérome Napoléon** 1808. *2 Frank*. Tête laurée, à dr.; par *Tiolier*. Rev. Valeur. Knyph. 4038. Hoffm. 3164. Arg. Beau.

1365 1808 *Frank*. Tête laurée à dr. par *Tiolier*. Rev. Valeur. Arg. Beau.

1366 **Widenbrück** (Ville). 1663 *VI Pfennige* contremarqué à la roue d'Osnabrück. Ae, t.b.c.

1367 **Wied-Neuwied. Frédéric-Henri** 1756. ¹/₆ *Thaler*. Monogr. couronné. Rev. Valeur. Arg. t.b.c. 1752 ¹/₄ Stüber. Ae. 3 ps. t.b.c. Ensemble 4 ps.

Wipperfurth.

1368 **Adolphe VII** *comte de Berg* 1252—96 *Denier* ⵑOMⴹS Archevêque tenant crosse et évangile. Rev. ...WORⴹϾ ⵑIV... Edifice. Grote pl. I n. 6. Arg. t.b.c.—b.c. Rare.

1369 **Württemberg. Charles Alexandre** 1734. *30 Kreuzer*. Buste à dr. Rev. Armoiries. Arg. Beau.

Würzbourg (Evêché).

1370 **Melchior Zobel v. Giebelstadt zum Guttenberg** 1553. *Thaler* au
St. Kilian et au titre de **Charles Quint** MELCHIOR ✱ EPS ✱ WIRC-
BVR ✱ F ✱ DVX. Le Saint; devant lui, écusson écartelé; dans le
champ en haut: S—K; en bas: 15—23. Rev. *CAROL ✱ V ✱ ROM *—
*IMPERA ✱ AVGV * Double aigle impériale. Arg. Beau.

1371 **Julius Echter v. Mespelbrunn** évêque de Würzbourg 1573—1617.
Médaille à son buste de face, tourné à dr., en manteau avec
collet IVLIVS . D . G . EPS — WIRTZBVRG. Rev. Ses armoiries
heaumées ET FRACLE — ORIENT DVX. Vermeil mm. 31. gr. 7.6.
Belle médaille coulée ancienne, dorure ancienne.
Voir la reproduction.

1372 **Jean Philippe II baron de Greiffenklau de Vollraths** 1699—1719.
s.d. *Florin* d'or sur le nouvel an ✠ IOAN . PHILIP : D : G : EPISC :
HERB : S : R : I : P : FR : O : D Armoiries à 3 heaumes. Rev. ✸ ORBET .
CORDE S . P . Q . W . SVBM . OFFERT. Cartouche orné, au
pavillon de Würzbourg. Monn. en or. Supp. p. 21. Manque à Köhler.
Or. Très beau.

1373 **Christophe François baron de Hutten** 1724—1729. s.d. *Double
Ducat* frappé avant son sacre CHRISTOPH . FRANC . D . G . EL .
EP . HERB . S . R . I . P . F . O . DVX. Armoiries à 3 heaumes. Rev.
DEXTRIS EST MIHI NE COMMOVEA R . PS . 15. St. Christophe
marchant à dr. Monn. en or. page 46. **Or.** Superbe.

1374 **Adam Frédéric comte de Seursheim** 1765. *Thaler* de convention
Buste à dr. Rev. Armoiries. Arg. t.b.c.

Xanten.

1375 *St. Norbert, archevêque de Magdebourg* (1126—84) né à *Xanten* 1080,
d'une famille considérable du pays de Clèves. Son buste à droite en
relief . S . NORBERTVS . FVND . — . ORD . PRÆM . APOSTA. Rev.
Ostensoir dans une couronne de feuilles. Br. ovale avec oeillet.
mm. 52/38. t.b.c.

1376 Même médaille uniface. Plomb. mm. 47/44 (sans oeillet).

1377 **Ysseloord.** 1672. Invasion des Français. Ils passent le Rhin près
d'Ysseloord et se dirigent vers Utrecht. Méd. au buste de Louis XIV
à dr.; par Mauger. Rev. PERRUPTIS BATAVIAE CLAUSTRIS
v. Loon III éd. holl. page 60 éd. fr. 55. Br. 41 mm. Belle.

Zutphen (ville).

1378 **Henri de Schwarzbourg**, *évêque de Münster* 1480. *Demi-albus.*
✠ MONE' × NOVA — ⁑VTPHANE Ecu au lion de Schwarz-
bourg; dessous, petit écu incliné de Zutphen. Rev. AN' O' — M *
CC — CC * L — ✳✳✳ Croix ayant au coeur écu de la Gueldre.
Type de l'Albus v. d. Chijs. pl. 41. 1. Arg. Beau. Extr. rare.

1379 1480. *Albus* au même type. ✠ MON' ❀ NOVA — ⁑VTPHANE'
Rev. A' * M - CCC — C ❀ L — ✳✳✳ v. d. Ch. pl. VI. 1. Arg.
Beau.

1480 s.d. *Demi-sou.* + M . . . VET' . VRB . ZVTPH Armoiries de la ville.
Rev. FATA . V . . . . . . VENIENT Heaume avec lion comme cimier.
Manque à Verkade. Collection Roest page 359. Arg. b.c. Rare.

1381 1604. *Demi escalin* dit Snaphaan (Peerdeken). FA — TA — VIAM . IN —
     VENIENT Cavalier à dr.; en exergue: D S Z Rev. MONE — NOVA —
     CIVITA — ZVTPHA Ecusson aux armoiries sur une croix coupant
     la légende; au-dessus des armoiries : 16 — 04. Var. de Verk. pl. 26. 3.
     (no. 148.) Arg. t.b.c. Rare.

1382 s.d. *Dute.* Verkade. pl. 27. 4. Ae. b.c.—t.b.c.

1383 (1582). s.d. *Piece de 3 Placken* ❧ FATA . VIAM . INVENIENT. Trois
     écussons posés en triangle. Rev. MON — NOVA — CIVIT — ჳVTPH.
     Croix fleuronnée coupant la légende et cantonnée de quatre rosaces.
     v. d. Chijs pl. VI. 2. Billon. t.b.c.
            Contremarquée de l'écusson de la ville Zutphen.

1384 (1582). s.d. *Plack* à l'écusson de la ville, v. d. Ch. pl. V I. 5. Billon t.b.c.

1385 Lot de monnaies diverses: Denier (Nachmünze) du comte Wigman,
     Dbg. 1229. — Aix-la-Chapelle. Denier et 4 autres monnaies d'argent.
     Y joint, jeton, plomb de Sainte-Cène, etc. Ensemble 31 ps.

Nº. 5

Nº. 11

Nº. 21

Nº. 26

Nº. 156

Nº. 157

Nº. 33

Ar Nº 69

Nº. 96

Nº. 98

Nº. 593

Nº. 152

Nº. 106

Nº 144 (droit)

Nº. 148

Nº 143 (revers)

Nº. 152

Or Nº. 132

Or Nº. 114

Nº 143 (droit)

Nº 144 (revers)

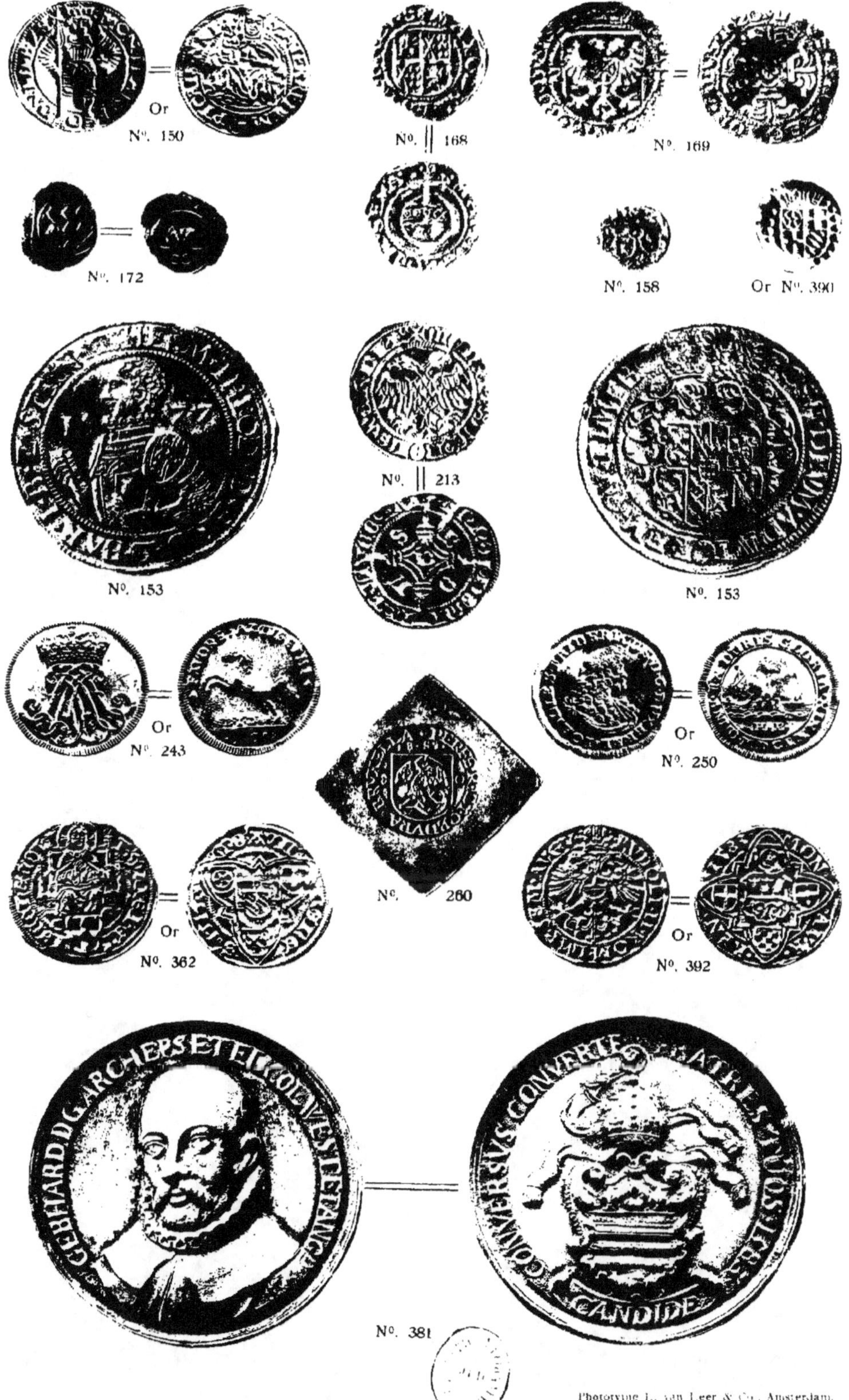
Or
Nᵒ. 150
Nᵒ. 168
Nᵒ. 169
Nᵒ. 172
Nᵒ. 158
Or Nᵒ. 390
Nᵒ. 153
Nᵒ. 213
Nᵒ. 153
Or
Nᵒ. 243
Nᵒ. 260
Or
Nᵒ. 250
Or
Nᵒ. 362
Or
Nᵒ. 392
Nᵒ. 381

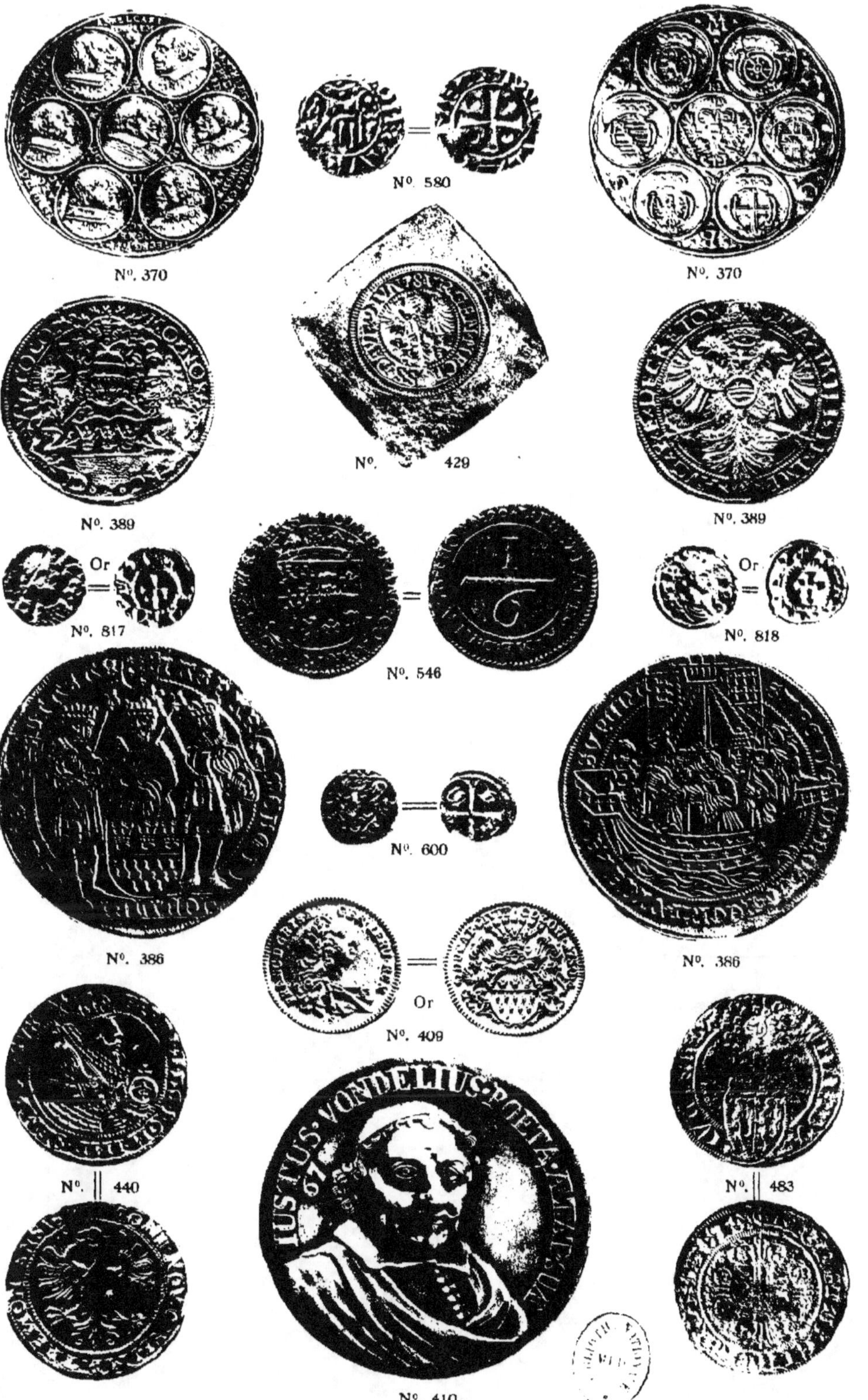

No. 580

No. 370

No. 370

No. 429

No. 389

No. 389

Or

No. 817

No. 546

Or

No. 818

No. 600

No. 386

No. 386

Or

No. 409

No. || 440

No. || 483

No. 410

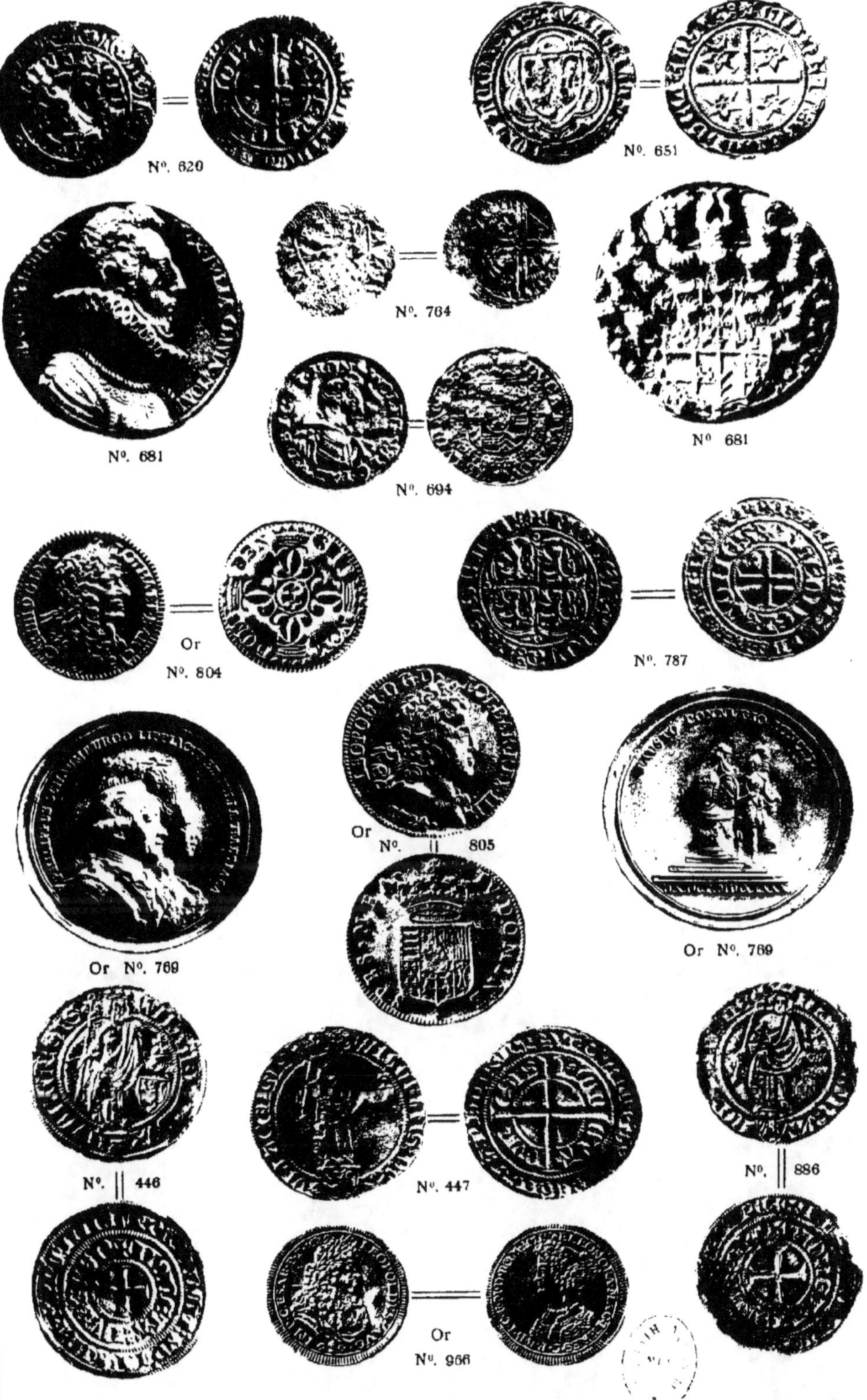

Pl. IV
Nº. 620
Nº. 651
Nº. 764
Nº. 681
Nº 681
Nº. 694
Or
Nº. 804
Nº. 787
Or Nº. 769
Or Nº. 805
Or Nº. 769
Nº. 446
Nº. 447
Nº. 886
Or
Nº. 966
Phototypie L. van Leer & Co., Amsterdam.

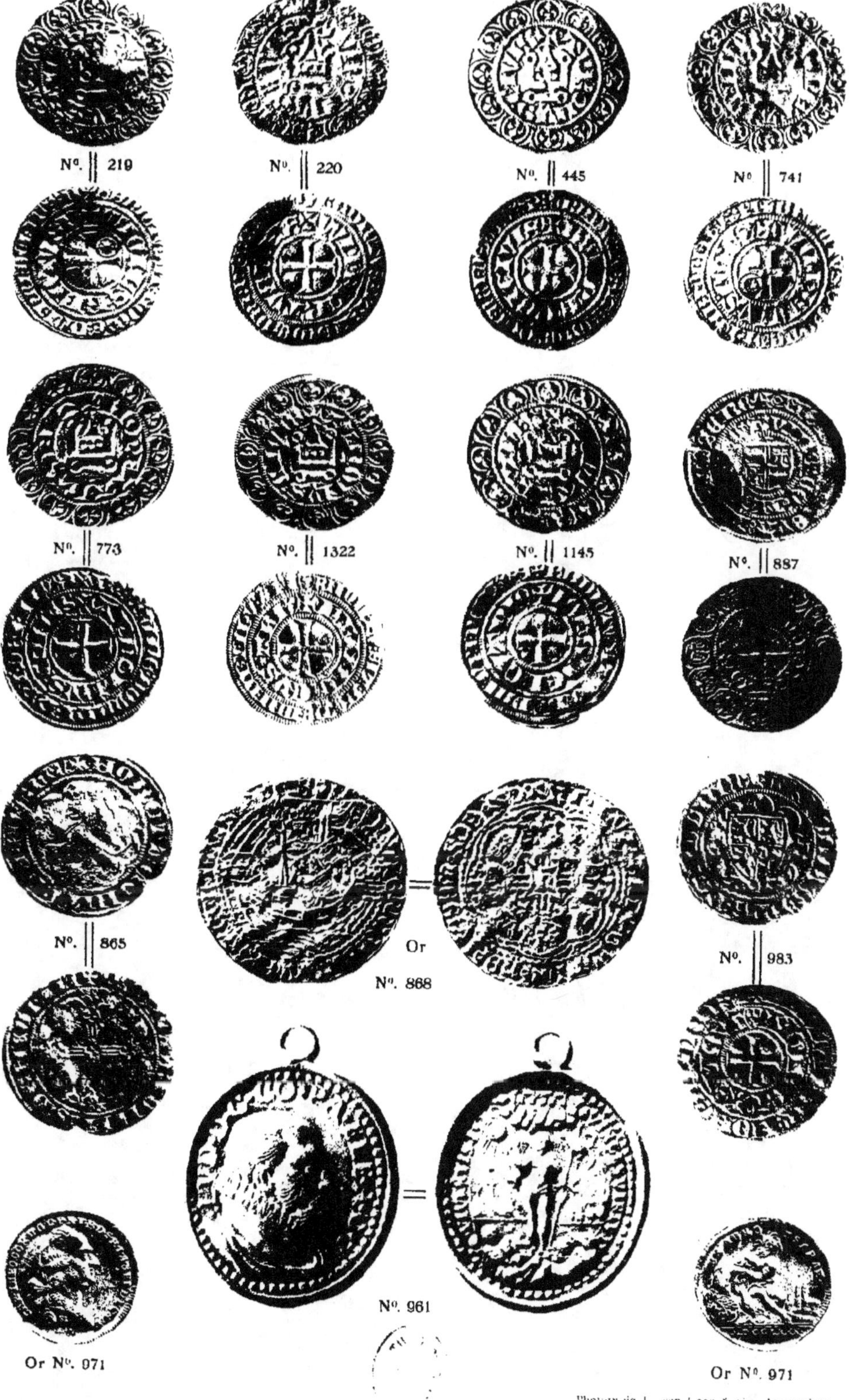

No. 219
No. 220
No. 445
No. 741
No. 773
No. 1322
No. 1145
No. 887
No. 865
Or
No. 868
No. 983
No. 961
Or No. 971
Or No. 971

Nº. 994

Nº. 1020

Nº. || 1023

Nº. || 1030

Nº. || 1027

Nº. || 1032

Nº. || 1031

Nº. || 1033

Nº. || 1036

Nº. || 1035

Nº. || 1037

Nº. || 1038

Nº. || 1034

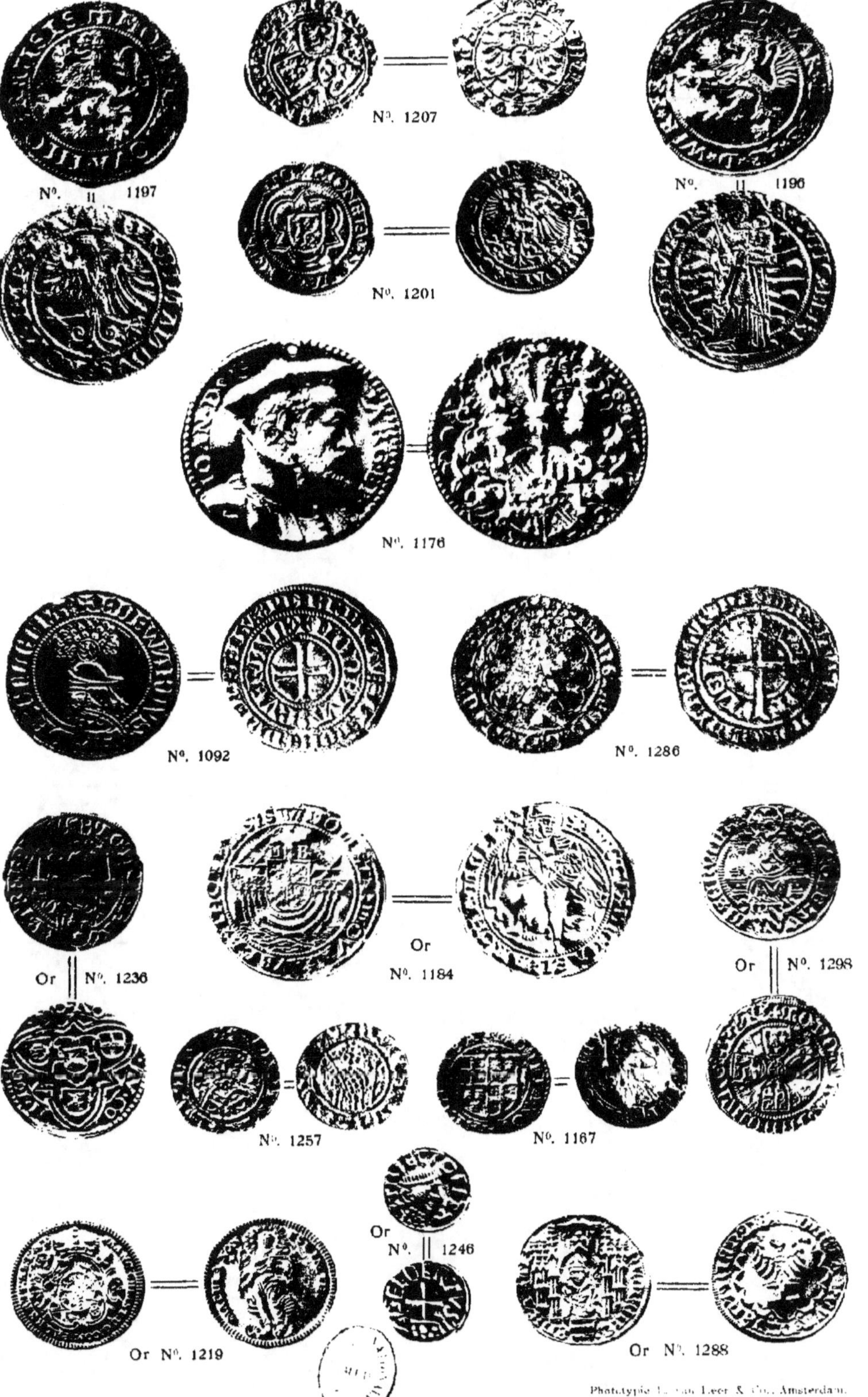

Nᵒ. 1207

Nᵒ. 1197

Nᵒ. 1201

Nᵒ. 1196

Nᵒ. 1176

Nᵒ. 1092

Nᵒ. 1286

Or Nᵒ. 1236

Or Nᵒ. 1184

Or Nᵒ. 1298

Nᵒ. 1257

Nᵒ. 1167

Or Nᵒ. 1246

Or Nᵒ. 1219

Or Nᵒ. 1288

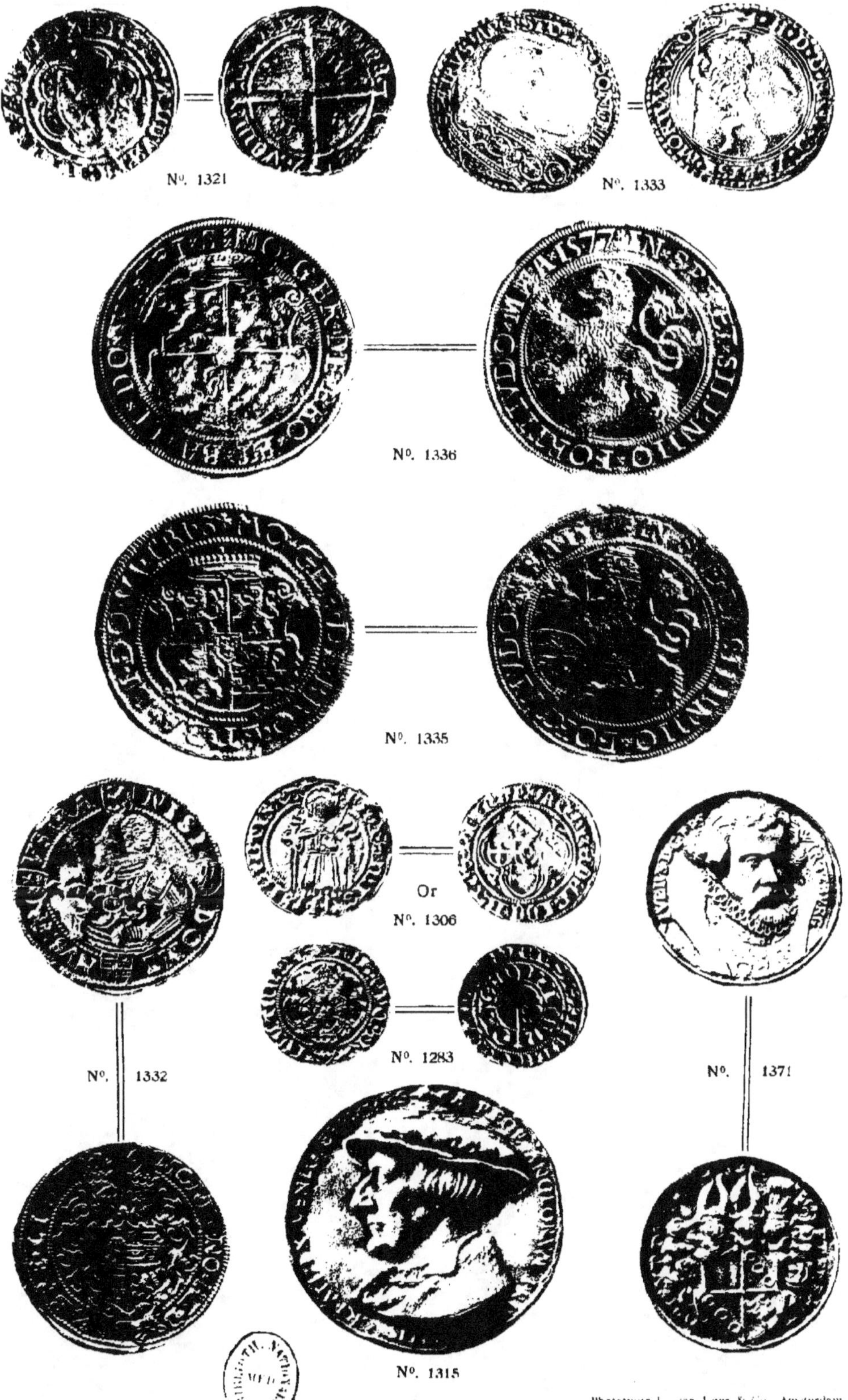

N⁰. 1321
N⁰. 1333
N⁰. 1336
N⁰. 1335
N⁰. 1332
Or
N⁰. 1306
N⁰. 1283
N⁰. 1371
N⁰. 1315

No. 160.

No. 2.

{No. 384.

No. 384.

No. 957.

No. 573.

No. 960.

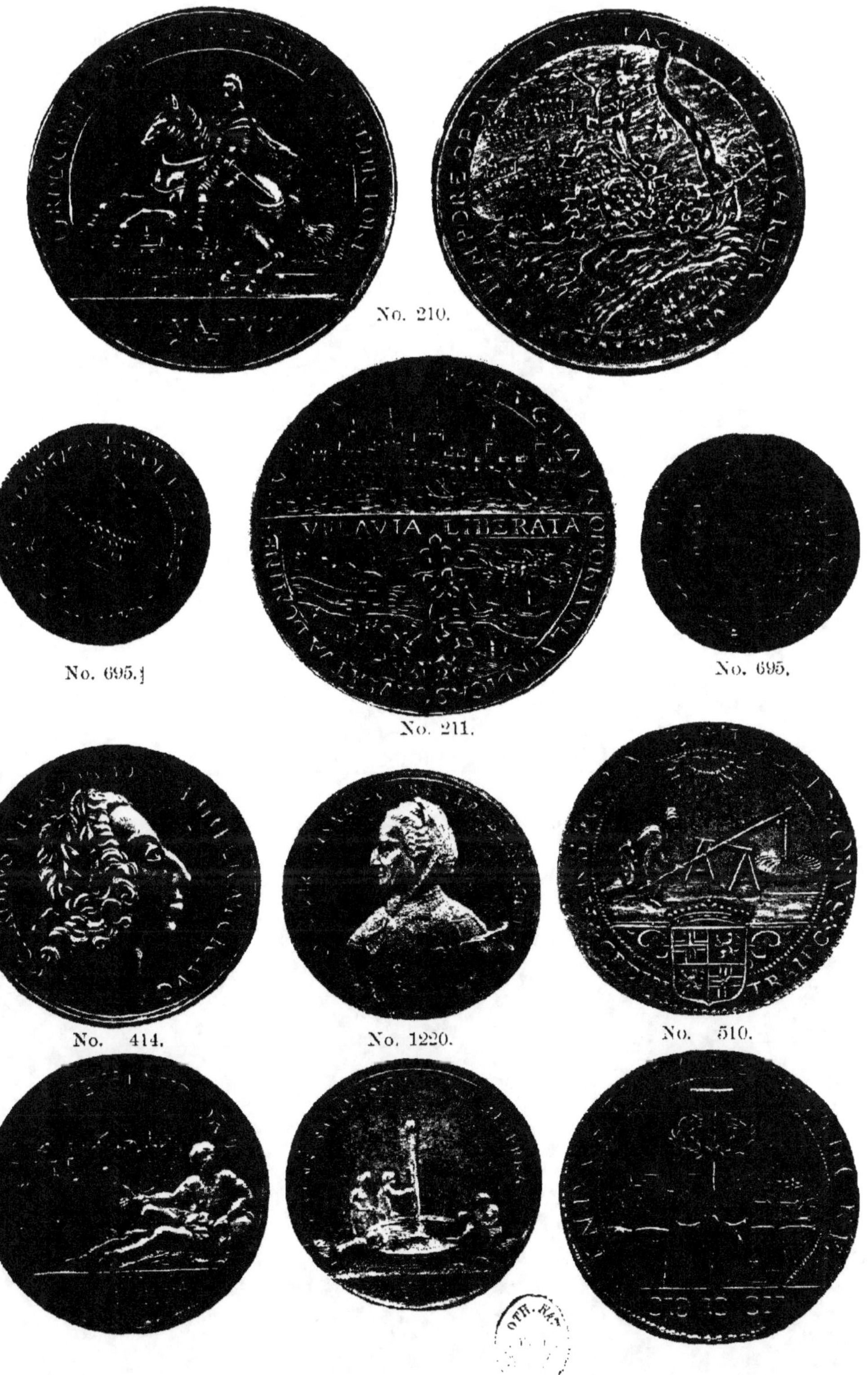

No. 210.

No. 695.¼

No. 211.

No. 695.

No. 414.

No. 1220.

No. 510.

Auftragliste

für

Adolph E. Cahn, Frankfurt a. M.

Niedenau 55

zur

Auktion vom   **19**

on

Die Aufträge beliebe man möglichst frühzeitig einzusenden.

No.	Limiten. Mark.	Bemerkungen.

Auftragliste

für

Adolph E. Cahn, Frankfurt a. M.

Niedenau 55

zur

Auktion vom   **19**

von

Die Aufträge beliebe man möglichst frühzeitig einzusenden.

Seite.	No.	Limiten. Mark.	Bemerkungen.

Die Aufträge beliebe man möglichst frühzeitig einzusenden.

No. 962.

No. 1235.

No. 1241.

Typ. AMST. BOEK- EN STEENDRUKKERIJ,
v/h. ELLERMAN, HARMS & Co

www.ingramcontent.com/pod-product-compliance
Lightning Source LLC
LaVergne TN
LVHW012331170726
843503LV00002B/808